宗教哲学研究

No.35 2018

宗教哲学会

Studies in THE PHILOSOPHY OF RELIGION

No.35 2018

CONTENTS

ARTICLES

宗教哲学にとっての脳神経科学の意義

芦名定道

1 問題

本稿の目的は、現在急速に展開しつつある脳神経科学が宗教哲学にとっていかなる意義を有するのかについてこれまでの議論を整理し、その上で、脳神経科学の可能性を宗教哲学との関係において展望することである。まず、本稿で理解する「宗教哲学」の内容について説明するところから、問題を明確な仕方で具体的に設定することに向けて、議論を始めたい。

宗教哲学の内容については、さまざまな見解が可能と思われるが、基本的に次の二つの問題領域が含まれると考えてよいであろう。[1] それは、宗教学（宗教研究）の哲学と宗教の哲学という二つの領域である。前者は、科学哲学が科学研究の方法論などについての哲学的反省という問題領域と関連するのに対応した宗教哲学理解であるが、多岐にわたる研究内容を含む宗教学という学的営みをめぐる哲学的反省が宗教哲学の課題であることは十分に了解可能な論点であろう。それに対して、後者には、伝統的に形而上学や自然神学に分類される諸問題が含まれ、そこには、超越、死、不安、絶望、最高善、正義、言語などのように哲学あるいは倫理学と共有される諸テーマや伝統的な諸宗教に固有のテーマ（罪、終末、予定、迷い、聖典、信仰共同体など）が属している。現代の科学技術が宗教に与える影響といった問題は、宗教の哲学のテーマに関連するであろう。

宗教哲学についてこのように考えるならば、「脳神経科学と宗教哲学」の関係という問題には、次の二つの問いが含まれることになる。[2]一つは、脳神経科学が宗教学に何をもたらすか、脳神経科学を視野に入れたときにどのような宗教研究が可能になるのかであり、もう一つは、脳神経科学は人間の営みとしての宗教に何をもたらすか、脳神経科学の成果は宗教の伝統的な事柄にいかに関連づけられるかである——もちろん、これらの問いは相互に結び付けることもできるし、それは当然の展開である——。

「科学と宗教」をめぐる過去の問題状況を教訓的に振り返るときにわかるのは、「脳神経科学と宗教」を問う場合に、過去の不毛な対立図式を超えて議論を展開することの必要性である。そこで本稿では、脳神経科学がもたらした問題状況と脳神経科学の展開を概観することから議論をはじめたい（「2 脳神経科学の展開の意味」）。脳神経科学によって再度問題化した「心脳問題」を取り上げ、近年の社会脳研究の意義を、近代の個人主義的人間理解の克服という観点から論じる。次にこの脳神経科学の動向を、キリスト教思想の人間理解（魂、自己、人格、責任）との関わりにおいて評価し、脳神経科学の可能性の一端を明らかにする（「3 脳神経科学とキリスト教的人間理解」）。そして最後に、宗教哲学に対して脳神経科学が有するさらなる可能性を展望しつつ、本稿を結びたい。

2　脳神経科学の展開の意味

デカルトが脳と心との関係について二元論的に回答して以来、哲学においては、両者の関係をめぐる問題が一つの共有された問題系を形成してきた。一九八〇年代以降の脳神経科学の進展は、この伝統的な哲学的問題に対して新たな論争を引き起こすことになった。

ジョン・ヒックがまとめるように、この新たな展開は、次の三つの立場に整理することができる。[3]一つは、デカルト的な仕方で、脳と心を二元論的に分離する立場であり、これに従えば、脳神経科学の知見は心の理解には本質的に寄与するものではなく、心と密接に関連した宗教にも直接的な関わりがないと考えられる。もう一つは、心脳一元論と呼びうる立場であり、心の理解は脳の理解に帰着し、したがって、脳神経科学の知見は心と宗教の本質理解に関与することが期待できる（あるいは、宗教理解は脳神経科学の知見に還元される）と考えられることになる。これらに対して、第三の立場は随伴現象説として総称される一連の議論であり、心に対して非物理的な実在性を認めつつも、心は脳に一方向的に依存するとされる。脳などの神経ネットワークから心という新しい質的システムが創発すると考える創発説は、随伴現象説の一つであり、強い自然主義と言える心脳一元論を修正する点で弱い自然主義と解することができる。[4]

これが、二〇世紀末頃までの問題状況であるが、ヒックは、心脳一元論と随伴現象説という二つの自然主義的議論をいずれも論点先取に陥っていると批判した上で、二元論、しかも「非デカルト的二元論」を採るよう主張する。[5] ヒックの議論は必ずしも明瞭ではなくその点で説得的とも言えないが、注目すべきはその主張が自由意志論の擁護という観点からなされていることである。つまり、心脳一元論（強い自然主義）は心を脳の物理的過程に決定論的に還元することによって人間の自由意志と道徳性を損なうものであり——ヒックによれば随伴現象説（弱い自然主義）も結局同様である——、従って認めることができない、これがヒックの議論の要点なのである。

「私の結論はこういうことになる。すなわち物理的決定論のすべてを退けること、自由で理性的な判断と誠実な道徳的選択を容認すること、ならびに非物理的なものの存在を物理的実在と同様に容認すること、これである」、そうすると、「物理的宇宙と同様に、非物理的な実在も存在することになる。……そして、非物理的で超自然的な実在があるだろうということを、頭から排除することはできなくなる」（ヒック、二〇一一、一〇二）。

二〇世紀末までの脳神経科学と宗教との関係をめぐるヒックのこの議論は、科学と宗教を取り巻く典型的な近代の問題状況に関連しており、そこから一九世紀の進化論論争によって引き起こされた不毛な対立図式が反復される恐れがある。この対立図式をいかに回避するかという問題は、脳神経科学と宗教との関係をめぐる宗教哲学的考察を必要とする。もちろん、問題の対立図式の成立には複雑な要因を考慮する必要があるが、[6]ここではその重要な要因の一つが、近代の個人主義的な人間理解、しかも個人の魂の実体化を伴った人間観である点を重視したい。ヒックが心脳二元論にこだわることになった、自由意志と決定論との対立の前提となったのは、魂・心と身体・物体を実体化し分離する人間理解だからである。

他方、ヒックが問題視する二〇世紀末ごろまでの脳神経科学における宗教へのアプローチは、ｆＭＲＩなどの新しい技術に依拠するものであり、それもまた、一つの脳をほかの脳から分離して分析対象とする点では、基本的には近代的な個人主義的人間理解の枠内にあった。「側頭葉の刺激によって神の臨在感は生み出されること」を側頭葉磁気刺激によって実験的に論じたパーシンガーから、神秘体験・瞑想を脳機能イメージング技術によって分析するニューバーグとダキリまで、議論の仕方はさまざまではあるが、その基調は近代自然主義であり、宗教経験を脳内プロセスに還元するものであった。

以上のような宗教経験を含む人間の諸経験すべてを脳へと還元し決定論的に説明する自然科学的手法とそれに対して個的実体としての人格の自由意志・自由を擁護しようとする哲学的思

素との対立図式は、本稿で注目している科学と宗教の対立図式と連動しており、ヒックは、これら二つの図式においてそれぞれ後者の側に立って脳神経科学を論じているのである。

しかし、近代的な哲学的人間理解を前提に、決定論から人間の人格と自由を守り、それによって人間の責任や道徳を擁護しようとする議論、自然主義と超自然主義、心身の二元論と一元論といった近代的な枠組みは、二〇世紀の哲学思想がまさに乗り越えようとしたものであり、それは決して自明ではない。フッサールの哲学的現象学は、シェーラーやハイデッガーの人間理解へと引き継がれ、キリスト教思想にも影響を及ぼすことになったが[7]、それは、近代的な主観客観図式――実体的な個的人間が世界内の諸事物から自立し自律的な仕方で行為するところに人間の主体性を見る――の克服を目指すものであった。シェーラーの世界開放性やハイデッガーの被投的企投（世界内存在）は、キリスト教思想における人間理解のいわば共有財産であり、キリスト教思想が近代的枠組みを抜け出す手がかりとなってきたのである[8]。

自己決定や自己責任の主体・担い手としての個人という人間理解は、ルネサンスから啓蒙主義を経て現代に至るまで「近代」を規定してきた基本的特質の一つに数えることができるが、問題は、これを決定論対自由意志論という枠組みにおいて定式化することが適切かどうかである。この点で興味深いのは、リベットの実験として知られる脳神経科学の実験である。その実験結果は、身体の動きを引き起こす脳活動（運動準備電位）が意識的な動作決定に対して先行することを示すものと解釈できる[10]。この厳密な理解はなおも論争中ではあるが――ヒックもそうであるが、リベット自身が近代的な自由意志を擁護している[11]――、これが脳神経科学の見地から近代的な自由意志論の再考を求めていることは疑いもない。すなわち、問われているのは、決定論対自由意志論という図式自体、そしてそれを支える人間理解なのである。先に挙げた二〇世紀の哲学的人間学の展開を参照するならば、人間の自由と道徳とを近代科学の洞察に対立させるという論点自体が問題なのである。世界内存在としての人間は世界から分離可能な実体ではなく、人間が世界内で行う企投・決断は、被投性を前提に世界からさまざまな作用を被ることによって可能となっているのである。因果律に拘束されないという意味で自由な人間が責任を負う主体なのではなく、自由な自己とは外部からの決定論な作用を被りつつ遂行される自己同一化のプロセスの中に存立するのである[12]。決定論と自由とは対立的に捉えられるべきものではなく、むしろ両者は世界内存在としての人間において循環するものと捉えるべきであろう。このように考えるならば、人間の自由と道徳を擁護するためには、心脳二元論によって心を脳から実体的に分離しなければならないという前提を採る必然性はないことになる。つまり、近代的な決定論対自由意志という問題は、国家や宗教の権威から自立した普遍的根拠によって社会的秩序と道徳を基礎づけるという理論的選択を行った「近代」に特有の擬似問題だったのではないだろうか。古代や中世がそうであったように、二〇世紀の哲学的人間学も、人間の責任や道徳を近代的な個人主義とは異なる仕方で議論するよう要求しているのである。

次に、以上のような二〇世紀の哲学的な人間理解の転換に対応するものとして、二一世紀に入ってから顕著になった脳神経科学の展開、すなわち社会脳研究に注目することにしたい。二〇世紀末頃までの脳神経科学がもっぱら個体脳を取り扱うことによって、近代の個人主義的な人間理解の枠内で動いており、宗教を個体脳内のプロセスに還元する傾向が顕著であったのに対して、社会脳研究は、現実の社会関係における人間に対して脳神経科学的にアプローチすることを試みている。

「脳の研究は20世紀後半から現在に至るまで、その研究を加速させてきたが、それは主として『生物脳（バイオロジカル・ブレイン）』の軸に沿った研究であったといえる。しかし、21世紀初頭から現在に至る10年間で、研究の潮流はヒトを対象とした『社会脳（ソシアル・ブレイン）』あるいは社会神経科学を軸とする研究にコペルニクス的転回をとげてきている。社会脳の研究の中核となるコンセプトは心の志向性（intentionality）にある」（苧阪、二〇一二、i - ii）。

「社会脳の研究は、このような自己と他者をつなぐきずなである共感がなぜ生まれるのかを社会における人間とは何かという問いを通して考える」、「共感とは異なる側面としての自閉症、統合失調症やうつなどの社会性の障害も社会脳の適応不全とかかわることもわかってきた」（同書、iii）。

社会脳研究は、現在、さまざまな問題領域に展開しつつあるが、[13]人間の脳（個人）が身体を介した社会的環境との情報の相互連関（コミュニケーション）において成長・変化するという脳の現実性に対応した問題設定を行っており、従来の研究に見られた、単純に個体脳の脳内プロセスに人間のすべての経験や活動を還元するのとは異なる研究の可能性が窺える。社会脳研究から宗教への本格的なアプローチは今後の課題であるが、以下、注目すべき動向を指摘しておこう。

共同体における他者とのコミュニケーションが宗教経験にとって重要である（あるいは不可欠である）ことから考えれば、社会脳研究における「心の理論」――「自分あるいは他者に意図や欲求、信念などといった〝心の状態〟を帰属すること」と定義される（千住、二〇一二、三八）――の形成をめぐる研究（発達認知神経科学）は、宗教と関わりつつ生きる「ヒトという生物」が「いかにしてこのような複雑な社会構造をつくり出すのか」という問いを考える上で重要な手がかりとなる。また、心の理論の形成とは対照的な位置を占める、自閉症スペクトラム障害――発達障害の一つであり、「対人相互反応の障害」、

「コミュニケーションの障害」、「限局された行動や興味の範囲」によって定義される症候群（同書、一一一）――についての社会脳研究からも、「他者からの視線に反応して社会脳が自発的に制御され、社会的認知がなされるような仕組み」を解明することが期待できる。

おそらく、こうした社会脳研究が宗教現象を視野に入れるものとなるには、ｆＭＲＩなどに匹敵する実験方法の確立が不可欠と思われるが、「心の理論」をめぐる研究だけでなく、たとえば、「共に歌を歌う（ハミング）というハイパースキャニング実験」などは現実の宗教現象にかなり接近しつつあることが感じられる。

「ハイパースキャニングとは複数の参加者の同時計測による脳イメージングであり、同一装置による測定であるため、複数の参加者が協調や競合状態にあるときの脳の活動が見られる」（苧阪、二〇一四年、二二七）、「社会は人々の相互協調や協力によって発展する。しかし、何故人々が協力するのか、その神経的な同期の基盤はまだ解明されていない。ｆＮＩＲＳ[14]と独自の先端的ハイパースキャニングの方法を通して明らかになったのは、神経的同期が前頭葉とかかわるという結果であった」（同書、二三三）。

個と共同体の相互関係を基盤とした宗教現象の理解にとって、脳神経科学、とくに社会脳研究が何をもたらすかは、今後の研究しだいであり、結果的には、これまで多くの蓄積を有する宗教研究に対して必ずしも新しい知見を付け加えるものとはならないかもしれない。しかし、直感的仕方で獲得されてきた従来の知見が社会脳のレベルにおける精密な分析によって裏づけられ深められることは無意味ではないであろう。ともかくも、社会関係を基盤にした人間理解に向けて、脳神経科学は確実に進展しつつあるのである。

3 脳神経科学とキリスト教的人間理解

これまで論じてきたように、社会脳研究を含む脳神経科学は、近代的な心脳二元論や実体化された魂理解（自由意志の基盤として）などの限界を説得的な仕方で示すなど――心脳一元論から随伴現象説までの解釈の幅を許しつつ――、二〇世紀の哲学的人間学の進展に即応するものと解釈することが可能である。ここでは、こうした脳神経科学の知見が、キリスト教における人間理解に何をもたらすかについて、議論を行うことにしたい。

キリスト教の伝統的な人間理解として、しばしば、魂の不死性が挙げられる。身体の死後に身体から分離した魂が天国、煉獄、地獄などへ向かうという人間理解は、古代地中海世界の宗教文化圏からキリスト教が受け継ぎ、中世から近代にかけて、キリスト教文化に深く根付くことになった。その意味で、実体化された魂はキリスト教的人間理解の中心に位置すると論じることも不可能ではなく、この点において、キリスト教思想は近代哲学における決定論対自由意志論という枠組みを共有することができたのである。ヒックが、決定論対自由意志論の枠組みとの関連で心脳二元論を採っていることはすでに指摘した通りであるが、ヒックは、死後生についても積極的に議論――「もっともありそうなシナリオであると個人的には思っているもの」（ヒック、二〇一一、二三〇）――を行っている。

「宗教に基本である信仰は、『西洋』の言葉で言えば、善にして愛に満ち、あるいは恵み深くして憐れみに富み、人格的な神が存在する、ということなる」、「宗教の基本となる信仰が十分に基礎づけられていれば、人の生において善いものすべては死によって、永遠に消し去られることなどありえないことになる」、「宗教的にはどう見ても、この生命を超えて、さらなる生命がなければならない、ということになる」（同書、二三〇）、「一つの生命において達成されたどのような道徳的／霊的成長も、次の生命に持ち越されていくという多くの生命のつながりを通して、人間存在は実際に完成されていくのである、という宇宙的な楽観論が許容されることになる」（同書、二三一）。

ヒックは、宇宙的楽観論がキリスト教だけのものではなく、多くの宗教的伝統が共有するものと考えているが、魂の不死性の理解は別にしても、ヒックにおいて心と脳との関係について二元論が主張されることと彼の死後生論とが無関係でないのは明らかであろう。こうした点で、ヒックの立場は最高善をめぐる魂の不死と神の現存在についてのカントの有名な議論と類似しており、実際、魂の実体化と結び付く魂の不死性と自由意志論とは、近代以降のキリスト教思想において共通の問題系を形成してきたのである。

　問題は、こうした問題系がキリスト教自体とどのような関わりにあるのか、魂の不死性はキリスト教的人間理解にとって本質的か、ということである。これにどう答えるかは、キリスト教をいかに規定するのかに依存しており、単純な回答は困難である。しかし、聖書に限定するならば、次のように答えることは可能であろう。魂の不死性は、聖書に見られる思想ではなく、キリスト教が古代地中海世界に展開する過程でキリスト教に受容されたものであり、魂の実体化あるいは実体論的な心身二元論は聖書的ではない、と。[15] キリスト教が実体論的な魂概念を元来有していなかったとの議論は、現代科学との関連でキリスト教を理解しようとする際に、重要な意味を有している。

　たとえば、現代の遺伝子工学がもたらしたヒトクローンの問題について、それを「人間の尊厳」の原理から否定する議論が存在する。それは遺伝子のコピー（遺伝子同一性）が人間の自己同一性を意味するとの認識（遺伝子決定論）と、「人間には遺伝的にプログラムされない権利」があるとの論点に基づいている（金、二〇〇九、一四七）。遺伝的な形質（あるいは被造性に基づく自然的形質）が人間の自己同一性と、そして人間の尊厳の座としての実体的な霊魂との存立を規定しているという議論は、確かにキリスト教思想において一つの伝統を形成しており、それがヒトクローン反対論に結び付いていることは疑いもない。しかし、このような仕方での人間の尊厳性の理解は十分に強力な論点なのか、またそれはどの程度キリスト教的なのかが問われねばならないのである。むしろ、考慮すべきは次のような議論である。

「魂は、人間が自ら作り出すものでも、人間の中にある物質——たとえば遺伝子のような——でもない。それは、人間が神との関係において人間であるということを意味する概念なのである」（同書、一七八）。

この神との関わり合いとしての魂という魂の関係論的理解——これは人間の自己同一性を新しい創造（贈与）として論じる議論にも関わる——自体は、[16]社会脳という視点から肯定されるものではないとしても、魂の関係論的理解と社会脳とは、人間の魂（あるいは心）や人格性を実体化する議論とは別の人間理解を要求するという点では一致しているのである。

では、決定論と対立的に位置づけられた自由意志については、どうだろうか。確かに自由意志論はキリスト教にとって古代以来多くの論争を引き起こしてきた、キリスト教思想の古典的テーマであり、キリスト教的人間理解にも密接に関連している。[17]しかし、キリスト教思想における自由意志の問題は、近世以降の決定論対自由意志論という問題設定とは異なる点を忘れてはならない。この近代的な枠組みはキリスト教思想本来の文脈ではないのである。キリスト教において自由意志が問題にされたのは、人間の救いをめぐる神の恩恵との関係においてであった。罪人としての人間が自らの救いに関して、その自由意志に基づいて何をなしうるか、という問いである。救いとは直接関わらない日常的な行為において人間が自由意志に基づく適切な判断をなしうることは、いわば当然のこととして肯定されている。身体の動きを規定する決定論的な自然法則と人間的自由との対立は、古代から中世までのキリスト教にとっては二次的問題であったと言うべきであろう。したがって、ヒックが自由意志との関連で心脳二元論を選んだのとは別の選択を、キリスト教的に行うことは十分に可能なのであり、キリスト教思想の自由意志論から、脳神経科学とキリスト教の関係を対立図式で理解しなければならないとの帰結を導き出すことに必然性は存在しないのである。

以上の点で、脳神経科学はたとえキリスト教的人間理解に対して何か新しい知見を付け加えるものではないとしても、それはキリスト教の人間理解を再考し理解を深める機会を提供するものとなることはできるのである。たとえばキリスト教においては、不安や絶望が心と関連づけられて論じられ、信仰によってこれらを克服するよう求められることがある。それに伴って、聖職者の自死については、しばしば信仰の敗北であるかのような議論がなされてきた。こうした自死論は、ティリッヒが指摘する実存的不安と病的不安の区別を念頭に置けばきわめて問題的であり、うつ病についての理解が深まる中で、その再考が求められている[18]。脳神経科学は、うつ病、統合失調症、認知症などの心に関連づけられた病についてその脳内メカニズムを解明することによって、宗教における心の病への適切な対応の助けとなることが期待できるであろう——もちろん擬似科学と化した脳神経科学が宗教に反対の作用を及ぼす危険も忘れるべきではないが——。ともかくも、脳神経科学の知見はキリスト教が近代的思惟の枠組みを脱却する上で、特に個と共同体との関係からキリスト教信仰を問い直す上で示唆的なものとなりうるのである。

4 展望

本稿では、科学と宗教の対立図式を克服するという問題を念頭に宗教哲学にとっての脳神経科学の意義について考察を行った。二〇世紀末までの脳神経科学で目立った個体脳についての研究は、決定論対自由意志論という設定において科学と宗教との対立図式への接近を窺わせるものであったが、二一世紀に入ってからの社会脳研究は対立図式とは別の議論の展開可能性を示すことが確認された。そして、この社会脳研究は、二〇世紀の哲学的人間学の展開に応じるものとの解釈が可能であり、さらにキリスト教の人間理解を再考する機会を提供するものであることがわかった。

最後に、脳神経科学が宗教哲学にとっていかなる積極的な展望を切り開くかについて若干の考察を行うことによって結びとしたい。脳神経科学自体は、科学と宗教の関係理解について一つの立場を提供するものではないが、そこから対立図式以降の科学と宗教のあるべき（あるいは、ありうる）関係を読み取ることは不可能ではないように思われる。たとえば、先に取り上げた社会脳研究における「共に歌を歌う（ハミング）というハイパースキャニング実験」である。

「われわれの実験の参加者は、大学生と大学院生28名」であり、「男性同士、女性同士の14ペアに対して実験を実施した。多くの人が知っている童謡（「大きな栗の木の下で」、「夕やけこやけ」、および「めだかの学校」）を共にハミングすることで実験を行った」（苧阪、二〇一四、二二八）、「会話が主に概念的情報の言語による伝達であるのに対して、ハミング（や歌）は感情の表出と強く結びつくようである」、「霊長類、鳥類や昆虫でも同様の歌うような行動が見られ、ヒトも同様にハミング（や歌）によって社会的結びつきを強めるはたらきをもつのである」（同書、一三二）。

神経的同期が前頭葉に関わるという点は別にして、歌を介した人間の社会的結びつきが社会脳研究によって実証的に確認できることは、宗教における共同体の意義を理解する上できわめて有益である。こうした問題設定において、脳神経科学（社会脳研究）と宗教研究とを関連づけることは、将来的に追求に値する研究テーマとなるであろう。たとえば、宗教儀礼や宗教音楽が宗教現象においていかなる意味を有するかについては、従来の宗教研究をさらに深めることが必要であり[19]、それに対して、脳神経科学は一定の寄与を行うことが期待できる。そして、それは宗教における人間と共同性の理解に新たな知見を加えるものとなるかもしれない。

凡例

以下の文献については、（著者名、刊行年、頁）という形式で引用する。


ヒック（二〇一一）：ジョン・ヒック『人はいかにして神と出会うか――宗教多元主義から脳科学への応答』法藏館、二〇一一年。

芦名（二〇〇七）：芦名定道『自然神学再考――近代世界とキリスト教』晃洋書房、二〇〇七年。

千住（二〇一二）：千住淳『社会脳の発達』東京大学出版会、二〇一二年。

苧阪（二〇一二）：苧阪直行「「社会脳シリーズ」刊行にあたって」（苧阪直行編『社会脳科学の展望――脳から社会をみる』新曜社、二〇一二年）。

苧阪（二〇一四）：苧阪直行「自他を融合させる社会脳――合唱をハイパースキャンする」（苧阪直行編『自己を知る脳・他者を理解する脳――神経認知心理学からみた心の理論の新展開』新曜社、二〇一四年）。

金（二〇〇九）：金承哲『神と遺伝子――遺伝子工学時代におけるキリスト教』教文館、二〇〇九年。

金子（二〇一六）：金子晴勇『キリスト教人間学入門――歴史・課題・将来』教文館、二〇一六年。

注

（1）宗教哲学の理解については、次の拙論を参照。芦名定道「現代日本における宗教哲学の構築をめざして」（『キリスト教学研究室紀要』第五号、京都大学キリスト教学研究室、二〇一七年、一―二〇頁）。

（2）本稿は、宗教哲学会第九回学術大会（京都大学、二〇一七年三月二五日）におけるシンポジウム「脳神経科学と宗教の未来」との関連で執筆された。二人の講演者のうち、冲永宜司「超越的次元のゆくえ――宗教経験の脳神経科学をふまえて」は「宗教の哲学」に、井上順孝「宗教研究は脳科学・認知科学にどう向かい合うか」は「宗教学の哲学」に概ね対応させることができるであろう。なお、論者自身の脳神経科学をめぐる研究としては、次のものをご覧いただきたい。

芦名定道「自然神学の新たなフロンティア――脳と心の問題領域」

『基督教学研究』第二七号、京都大学基督教学会、二〇〇七年、一一一九頁）、「脳科学は宗教哲学に何をもたらしたか」（星川啓慈・芦名定道編『脳科学は宗教を解明できるか？』春秋社、二〇一二年、一九―六一頁）、「脳神経科学と宗教研究ネットワークの行方」（井上順孝編『21世紀の宗教研究――脳科学・進化生物学と宗教学の接点』平凡社、二〇一四年、一六一―二〇二頁）、「脳神経科学からキリスト教思想へ」（『キリスト教学研究室紀要』第二号、京都大学キリスト教学研究室、二〇一四年、一―一四頁）。

（3）ヒック（二〇一一、三一―七九）。

（4）随伴現象説を含む心と脳との関係論に対する批判的な検討としては、美濃正「心的因果と物理主義」（信原幸弘編『シリーズ心の哲学I――人間篇』勁草書房、二〇〇四年、二五―八四頁）を参照。随伴現象説の一つとして創発説を挙げることができるが、次のクレイトンの論考は、脳神経科学と神学という論点から創発説を論じる代表的なものである。Philip Clayton, "Neuroscience, the Person, and God: An Emergentist Account," in: Robert John Russell, Nancy Murphy, Theo C. Meyering, Michael A. Abib (eds.), *Neuroscience and the Person. Scientific Perspectives on Divine Action*. Vatican Observatory Publications. 2002. pp. 181-214. また、強い自然主義と弱い自然主義の区別は、D・R・グリフィンによるものであるが、それについては、芦名（二〇〇七、二一六―二二九）を参照。

（5）ヒック（二〇一一、七八）。

（6）この具体例としては、進化論論争を挙げることができるが、それについては、芦名（二〇〇七、二〇七―二〇八）を参照。

（7）これに関連して、ティリッヒ研究において中期思想（特に、次に挙げる亡命期の講義録において展開された哲学的人間学と神学との相関性をめぐる議論）が焦点となりつつあることは注目に値するであろう。Erdmann Sturm (hg.), *Paul Tillich. Frühe Vorlesungen im Exil (1934-1935)*. De Gruyter, 2012. なお、ハイデッガーとキリスト教神学との関わりについては、芦名定道「バルト、ブルトマン、ティリッヒ――ハイデガーと二十世紀神学」（秋富克哉・安部浩・古荘真敬・森一郎編『続・ハイデガー読本』二〇一六年、一六八―一七〇頁）を参照。

（8）哲学的人間学と神学との関係については、W・パネンベルク『人間学――神学的考察』（教文館、二〇〇八年）が挙げられるが、この関係が近代キリスト教思想において決定的な位置を占めることについては、近藤勝彦『キリスト教弁証学』（教文館、二〇一六年）、特に第一部「人間学の文脈におけるキリスト教の弁証」をご覧いただきたい。

（9）近代を人間理解という点から特徴付ける議論は広く共有されたものと思われるが、その一人として、「近世歴史は『人間』の発見をもって始まる」と記した南原繁（『国家と宗教――ヨーロッパ精神史の研究』岩波文庫、一四九頁。初版は一九四二年）を挙げることができる。

（10）リベットの実験（ベンジャミン・リベット『マインド・タイム――脳と意識の時間』岩波書店、二〇〇五年）については、ヒック（二〇一一）以外にも、次の研究が挙げられる。近藤智彦「脳神経科学からの自由意志論――リベットの実験から」（信原幸弘・原塑編『脳神経倫理学の展望』勁草書房、二〇〇八年、二二九―二五四頁）、鈴木貴之「社会脳研究と自由意志の問題」（苧阪直行編『道徳の神経哲学――神経倫理からみた社会意識の形成』新曜社、二〇一二年、二三五―二五一頁）。

（11）星川啓慈「神経生理学とユダヤ教――決定と自由の狭間で生きたB・リベットの場合」（『宗教研究』第八七巻第二輯、日本宗教学会、二〇一三年、一二九―一五三頁）を参照。

（12）本稿における自己・自由・責任をめぐる議論では、小坂井敏晶『責任という虚構』（東京大学出版会、二〇〇八年）が参照された。また、「いったん人間機械論から離れ、『自由意思をもつ閉鎖系』として人間を正しくとらえ直そう」という西垣通（『ビッグデータと人工知能――可能性と罠を見極める』中公新書、二〇一六年、一四四頁）の提案も、近代的な自由・責任を問い直す上で示唆的である――「一神教の呪縛」論はやや大雑把で通俗的ではあるが――。

(13) 社会脳研究の広がりについては、本稿でも参照・引用した、苧阪直行編『社会脳シリーズ』全九巻（新曜社、二〇一二―二〇一五年）をご覧いただきたい。

(14) fＮＩＲＳ（機能的近赤外線分光法）とは、血液中に含まれる酸素化ヘモグロビンと脱酸素化ヘモグロビンの吸収スペクトルのちがいから、両者の相対的な量の変化を調べ、「反射光により脳表の血流を推定することで、脳表の集合的神経活動を観察する」という方法である（苧阪、二〇一四、二二六）。なお、ハイパースキャニングの手法はfＮＩＲＳによる以外にもさまざまである。

(15) これについては多くの研究が存在するが、キリスト教人間学に造詣の深い研究者のものとして、金子晴勇の次の指摘を挙げたい。「彼（パウロ）は魂と身体というギリシア思想に特有な二元論に何ら関心を示さず、ものを具体的に考えるユダヤ的思考にしたがって人間の全体のことを考える。それゆえ永遠の生命と完全な救いは、ギリシア人が考えたように身体からの解放によって実現するのではなく、身体の復活によって成り立つ」（金子、二〇一六、五八）。

(16) この論点については、金子（二〇一六、九一）のほかに、波多野精一『時と永遠』（岩波書店、一九四三年）を挙げねばならない。また、現代科学の知見を視野に入れた人間の自己同一性（復活の前後における）や新しい創造を論じた研究として、テッド・ピーターズ「復活：概念的挑戦」（T・ピーターズ、R・J・ラッセル、M・ヴェルカー編『死者の復活――神学的・科学的論考集』日本キリスト教団出版局、二〇一六年、三九五―四二七頁）も参照。

(17) 金子（二〇一六）。なお、金子は本稿で言及したシェーラーについても、金子晴勇『マックス・シェーラーの人間学』（創文社、一九九五年）で詳細な議論を行っている。

(18) この点については、ティリッヒ『生きる勇気』（『ティリッヒ著作集　第九巻』白水社、一九七八年。原著は一九五二年）を参照。聖職者の自死として思い出されるのは、高倉徳太郎の場合であるが、佐藤敏夫は次のように論じている。「高倉がかかった病気はうつ病である」、「心の病に対しては信仰が立ち向かうということは非常に困難となる。信仰があるならば、うつ病にかからないはずだというのは行きすぎた議論であろう」（佐藤敏夫『高倉徳太郎とその時代』新教出版社、一九八三年、二一一、二二二頁）。また、工藤信夫は、牧会事例研究で、「うつ病に陥った教会役員」「罪意識に悩む求道者」といった事例を取り上げている（工藤信夫『牧会事例研究１――精神科医と牧師の協力』聖文舎、一九八〇年）。

(19) 教会音楽研究はすでに確立した研究分野を形成しているが（横坂康彦「教会音楽」（神田健次、関田寛雄、森野善右衛門編『総説　実践神学Ⅱ』日本基督教団出版局、一九九三年、六八―八五頁））、組織神学（教義学、弁証学、倫理学）などにおける神学的議論と内的に結びつけられることはほとんど稀であり、教会音楽の思想研究はキリスト教研究が今後取り組むべき研究課題と言うべきであろう。

超越的次元のゆくえ

――宗教経験の脳神経科学をふまえて

冲永宜司

はじめに

科学技術の特徴の一つは、自然を予測可能、制御可能、操作可能、その操作を反復的に再現可能にすることである。それは、人間の特定の目的のために自然を手段化することであり、特に近代科学はその傾向が顕著である。それは自然が予測不可能、制御不能、操作不能、反復的再現不能であったことの裏返しである。

ところで意識には、自らが主体となって自然を予測、制御、操作し、それを反復する行為の主体になる特徴がある。主体は、客観的な自然化の範囲外に置かれるからである。さらに、価値的な経験、生に意味をもたらす経験、生や世界全体の価値や意味をも定める宗教的な感情などの超越的経験は、主体を超えた所からもたらされ、かつ予測、制御、操作、反復的再生が不可能である特徴を持つ。

しかし近年発達してきた脳神経科学は、こうした予測不可能であった意識、主体、価値に関する領域を解明し、制御、操作可能にすることを特徴とする。これは科学技術の操作主体を操作することであり、本論はこの操作の、価値的、存在論的な問題点について扱う。そして価値や超越の領域が操作可能になることの意味は何か、またこの領域の原理的な操作不可能性があるとすれば、それはいかなる仕組みからなるのかを問う。

1 宗教経験と脳状態

脳神経科学による意識の解明は、超越的で至高な価値経験である宗教経験をも、制御、反復的再生可能にするだろう。これは宗教の超越性や価値にとって大きな問題となる。たとえば化学物質による幻覚の体験、物理的刺激による浮遊感覚などは反復可能だが、これらと宗教経験との類似が指摘されることは多い。この節では、視覚や触覚などの感覚の類似性と、その経験がもたらす意味に関する類似性とのふたつに分けて考えてみたい。

まず感覚の類似性について、豊富な事例から宗教的経験の脳神経科学的な解明を試みた神経学者、K・ネルソンによる記述から見てみたい。

「脳の側頭と頭頂の接合部が遮断されると、私たちは体外離脱体験をしたり、『何者かの現前の感覚』を持ったりする。目や脳に対して血流が遮断されると、私たちはトンネルの光景を経験する。(1)」

体外離脱やトンネルの光景は、臨死体験者から頻繁に報告される事例であり、「現前の感覚」は神霊の現前や神の降臨で報告される。しかしこれらは、脳内の物理的遮断や脳内酸欠が引き起こすものとして説明され、その限りで視覚、触覚や霊的な何者かの存在感でさえ再現可能である。トンネルは脳内酸欠による視野の狭窄として説明される。

しかし、宗教にとってこうした感覚より重要なのは、その経験によって生じる価値や、生や世界の意味の変化であり、それらは表面上の感覚にはない、経験の質を担っている。こうした質は再現可能なのか。しかし深い価値や意味を担う啓示的感覚の原因を化学物質に見出す試みは、すでに心理学の古典となるテキストの中にも見られる。

「亜酸化窒素〔N_2O 笑気：引用者注〕とエーテル、特に亜酸化窒素は、十分に空気で薄められた時、尋常ではない程に神秘的な意識を刺激する。それを吸入した人には、真理が深くまた深く開示されてくるように思われる。(2)」

このように、真理の深みまでもが再現可能であり、しかもこれらは物理的、化学的操作により、一日で何回も再現可能である。しかし問題は、それらが操作可能で「真理の深み」に達し、かつ後々までその人の価値観や行為を左右させうるのか、という点である。実際、「真理の深み」に達し、かつ価値観や人生の意味を大きく左右させる経験は、一生に一回から数回という見方もある。(3) これは予測されない一回性であり、反復的操作可能な性質とはまったく異質のように思われる。この経験では主体が実在と分かれないという特徴を持つが、なぜこの経験が操作不能に思われるのか。まず次の二つの理由が挙げられるだろう。

a醸成された意味のコンテクストを巻き込まなければ、「真理の深み」の感覚は、価値を生み出さない。「深み」の感覚に加え、意味の網の目に組み込まれるという、両者の組み合わせの希少性が、価値経験の希少性につながる。

b物質と意識とは対応関係があるのみで、前者が後者を生み出している様子は観察できない。物質と意味とはさらに一段離れているので、物質と意味とを同一の枠で捉えることはできない。

だがそれでも脳内物質が意味的な経験を作り出し、再現する可能性は残る。

まず、死の恐怖が臨死体験の類によって歓喜に変わることは、恐怖を導く死後の虚無の意味をも、化学物質が変化させることを示唆する。セロトニン、βエンドルフィン、サイロシビン、さらにもっと強力な化学物質が、巧妙なタイミングで、脳の効果的な位置に、効果的に投与されることで、この歓喜を再現できる可能性がある。「脳の特定の部分に作用して、奇跡のようなことを体験させる薬を私たちが所持していたなら、どうだろうか？　もしくは別の、サイロシビンよりもさらに純正で、神秘的なものに関する脳領域を精確に刺激して、『合一』の状態を私たちにもたらす薬、または現在想像できるよりもさらに近くまで私たちを神に接近させる薬を想像してみなさい」というネルソンの言葉は、それを示唆する。(4)

このように、脳状態と厳密に対応する意識状態がある限り、意味状態や価値的経験も、脳への働きかけによって制御可能になりうる。現にサイロシビンを含む植物は、それが意味的に重要な体験であったという感触を後々にもたらすので、古くから宗教儀式などに用いられた。つまり、薬物を導入する時の、被検者が置かれた意味的状態を整えれば、世界の根源的な価値の状態を制御し、反復的再現をすることは、原理的に可能となりうる。

これは、意識状態も基本的単位からなる脳の粒子状態が構成していると考えれば、全く同じ物理的、意識的状態は、理念上再現可能だという見解とつながりが深い。この考えの背景には、宇宙はすべて物質の基本単位から成り、脳もその物質の一部である限り、その基本単位の配列が意識、意味をも制御する、という近代的な思想がある。こうした意識を司る物理的状態という思想については、より徹底した存在論上の議論が必要である。(5)

2　神経神学

脳の物理的状態が、意識や、さらに意味までも制御するという考えの背景には、脳が意識状態を生み出すという前提がある。それに対して近年、物理的状態は意識を因果的に産出することを前提にせず、あくまで実在の一面を記述することを超えないという立場が登場している。その代表的なものが神経神学であり、それは脳神経の物理的状態が、宗教的意識も含めた意識状態の重要な契機であることを認めつつも、意識の因果的基盤であるとは限らないと見る立場である。

その代表者である核医学的脳画像化（nuclear medical brain imaging）の専門家、A・ニューバーグ（一九六六―）によれば、「神経神学という学問は、とりわけ、『物質的宇宙または神のいずれかが因果的優先性をもっている』とア・プリオリに仮定すべきではない(6)」という。

そしてニューバーグは「実在の全体的な経験が、特定の脳機能を通じてフィルターにかけられているということは可能かもしれない(7)」という。これらは、「実在」は脳そのものではなく、脳はそれを媒介するものに過ぎない、という表明である。こうなると、宗教経験における脳状態は、意識を生み出しているとも、神を伝えているとも断定できないことになる。

神経神学のこうした主張には奇妙に見える点もあろう。まず、なぜ「実在」が脳という物質以外に見出せるのか、という疑問が生じる。これに対しては、観察されるのはあくまで、脳の物理的状態と意識状態との相伴う関係であり、脳からの意識の産出は観察されないというニューバーグの主張がある。実際、彼における、宗教経験が神から与えられるのか、脳内物質が宗教経験を産出するのかという二者択一的な問いは、物質と意識の二元論的構図に加え、両者が因果的に関連することの困難を彼が十分に意識していたゆえに発せられたと思われる。

また物質と意識との断絶に対しては、一元的実在の二側面としてそれらを位置づける考えも、ニューバーグの中には見出せる。実在は物質か意識かという二元論とは異なり、実在はどちらでもなく、私たちの見方が二つに分けたということである。実際、ニューバーグの言う「実在の全体的な経験」とは、脳や物質でも、反対に霊、神でもないとする解釈は可能である。そこでは、物質的宇宙とは別に神がいるのではなく、宇宙が経験であり、神であるという理解ができる。この宇宙は本来、物質または意識という限定を受けていない。

これに関して、ニューバーグの言う、物質的宇宙または神の「因果的優先性」という概念を検討しておかなくてはならない。彼の議論からすると、脳に対する、意識や神の因果的関係には、大きく次の三つの場合が考えられる。

A、脳の物理的状態が、宗教経験を因果的に産出している場合。このとき、脳の物理的状態を再現すれば、宗教経験の再現になる。物理主義は、この意識の因果的産出と、意識の再現性という考えを踏襲する。そしてこの物理主義では、脳を形成する物質の、決定論的な質量と運動によって、自由意志を持った主観が生じるのは不可能である。

B、脳の物理的状態が宗教経験を因果的に産出する。しかし、その物理的状態の変化には、神が関与する。この因果的関係は、神から物質、そして意識経験の順になる。

つまり、宗教経験を産出する脳の物理的状態を人為的に再現できれば同じ経験が再現され得るが、自然的には、その物理的状態は神の操作の下にある。

C、神が宗教的なものも含む意識経験を引き起こし、その経験の現れとして脳内の物理的状態が生じる場合。

このとき脳には意識への「因果的優先性」はなく、脳の物理的状態を特定の宗教経験の状態に再現したとしても、同じ経験が生じない可能性もある。それは、特定の脳状態が、特定のひとつの意識状態を引き起こすという物理主義の前提には反する点になる。

BとCは、古典的な物質の背後に、意識の根源として神を置く立場である。これは神の自発的な理性の働きを、私たちの意識が脳を通じて受け取ったり（B）、または直接に意識が受け取る（C）構図になる。それでもニューバーグでは、Aなのか、それともBCなのかは、蓋然性のままである。しかし、ニューバーグの神と同じ役割を担う実在があるなら、神なしでB、Cと同じ構図を作ることは可能である。ここで「実在の全体的な経験」が再考されなくてはならない。これはCに近い構図であり、その「実在」からすると、私たちの個別意識は、脳と同様、その実在の側面にすぎない。一方Bでは、意識は脳の物理的状態を通じてしかその「実在」を知ることはできず、その「実在」の経験は「全体的」というよりは間接的である。

さて、この「実在」と類似した性質を持つものに、脳の量子状態がある。それはすでに意識の主観的性質の一部を併せ持ち、自覚的意識の条件になるとともに、脳の物理的状態の条件にもなる。これら二つの性質を併せ持つという意味では、脳の量子状態は、脳の古典的状態と意識とに対して、Cに近い関係にある。無論、量子状態と神性とを同一視することはできない。しかし、以下に考察するように、量子状態とは、そこから古典的な物質の世界と、自覚的な意識の世界とが抽象される前の原初的状態であり、その意味では古典的な物質が主観的意識を産出する際の問題点を乗り越えているところがある。

3 量子脳理論

ニューバーグの「神」という言葉は、その主体性、自発性が、決定論的で反復的再現可能な物質の古典的性質とはかけ離れていることを象徴していた。そして、近年脳神経科学や、コンピューターサイエンスの分野でも語られることの多い量子脳理論も、決定論的で再現可能な物質とは異なった性質を脳に付与しつつある。この理論にもいくつかの立場があるが、共通するのは、脳の古典的状態が最初にあるのではなく、その状態がすでに量子の「重ね合わせ」からもたらされた、という考えである。この考えの中には、古典的な物質の方を、すでに何らかの主観的状態を含んだ実在から派生したものと見なす立場も見られる。それは、意識は古典的な物質の運動や複合からは生じないという問題に一石を投じるものである。これは前節のBやCの考えに見られる脳状態以前を、量子の「重ね合わせ」で置き換えた思想である。しかもこれは、意識は古典的脳状態が産出するとも考えない点で、Cに近い立場と言える。以下、その代表的な立場を概観し、それらの意義と問題点を探る。

　量子脳理論における著名な論客としては、R・ペンローズ（一九三一―）がまず挙げられる。『心の影』[8]という彼の量子脳理論の著作では、意識は脳内の「マイクロチューブル」という微小管において、量子状態が客観的収縮を起こすことで生じるとされる。ここでの「量子レベル」とは「重ね合わせ」の状態、つまり量子の位置と時間とが同時に決定できず、複数の状態が確率論的に「重なり合」っている状態を指す。

　マイクロチューブルでは、量子状態の「重ね合わせ」が、「そのままコヒーレントな状態（波動関数の位相がそろった状態）に保たれ」る特徴がある。その状態が「量子レベルと古典レベルにまたがる」[9]状態に到るまで大規模に保たれることで、波動関数の「客観的収縮 *objective reduction*」[10]が生じる。「収縮」とは量子的重ね合わせの状態から、ひとつの古典的な状態が選択されることだが、そこでは「シュレディンガーの猫」のように主観による観察が加わることで古典的状態に収縮するのではなく、主観による観察なしで収縮が生じる点が「客観的」であり、マイクロチューブル内の特徴なのである。つまり、標準的なコペンハーゲン解釈では、量子状態がひとつの古典的状態に定まる際に、主観による観察が契機となる収縮が行われるのに対して、マイクロチューブルではこの主観による観察は必要とされない。

　しかもこの収縮はランダムではない一方で、計算不能な過程とされる。そしてこの「微妙」な量子状態とマクロ状態とを「結びつけ coupled to」る所に、「単なる計算過程とは異なる」「非計算論的活動」[11]が考えられているのである。

　ペンローズでは基本的に、量子状態には意識はなく、そこから右記の「非計算論的」な「客観的収縮」により意識が生じるという、意識の無から意識の有への移行がある。そしてこの「非計算論的」過程と、「客観的収縮」とが、量子状態と古典的状態との「結び」として意識生成に関与するのである。問題は、その「結びつけ」の正体が明示されないことである。

　意識の無から有への移行の問題に関しては、一九六〇年代よりアメリカ量子物理学界の指導的立場の一人であり、八〇年代末より「意識の量子論」について発表を始めた、H・P・スタップ（一九二八―）などが、ペンローズとはやや異なった角度から切り込んでいる。彼はまず、ハイゼンベルクが「アクチュアル・イベント」と呼んだ、古典的状態には見られない「規則化されない一連の量子飛躍」に着目する。量子飛躍に原因は見出せない。そして「これらの飛躍は、個別には、物理学において知られているいかなる法則によっても制御されない。」[12]という点で「アクチュアル」だとスタップは言う。「各々の量子選択は、量子のスープから、自らの仕組みによって引き出される[13]」という、あたかも自発的な性質を持つからである。

さらにスタップはアクチュアル・イベントを、ホワイトヘッドのアクチュアル・エンティティや、W・ジェイムズの「思考の流れ」などと比較させつつ、フォン・ノイマンの「Process Ⅰ」の考えに結びつける。いずれも因果的に説明できない現象である。

「『Process Ⅰ』という探索的活動の因果的起源は、今日知られている物理学の法則によっては統計的にさえ詳らかにされない。それゆえ量子力学には、自然についての記述における経験的側面のための、合理的な位置が存在する。それは還元されず効力を持ち、一連のある物理的に記述された出来事の決定に立ち入る[14]。」

ここでは、「因果的起源」が詳らかではない「経験」が、しかも「効力」を伴って物理的事象を変化させると言われる。それが「Process Ⅰ」だという。

「これは、この出来事の感じと呼ばれ、それはアクチュアル・イベントに対して内的な活動性としての位置を与える側面だと、考えられることができる[15]。」

スタップは意識の無から有への移行ではなく、すでに量子状態そのものに、「経験」の性質を見出し、それを「感じ」だと言う。これは、自発性、主観的性質の出所、意識の無から有が生じる困難へのひとつの説明の試みになっている。

このように、ペンローズとスタップとの共通点として、まず次のことが挙げられる。

①脳状態とは「重ね合わせ」の状態である。そこで粒子とその運動という古典的世界像が成立しない。

②収縮は計算不可能である。

③客観的世界とその主観的観察という対置ではなく、「客観的」な状態の中に、何らかの主観性への傾向を認める。

次に、スタップはペンローズと何が異なるかを確認しておきたい。まずスタップの特色として、主観的性質のない状態から、特殊な条件下の収縮によって主観が生じるのではなく、原因のないアクチュアル・イベントの内に、すでに主観的性質を見ている点が挙げられる。主観的性質は、作られるのではなく、すでに前提なのである。

そしてペンローズの場合、量子状態の収縮が意識を生じさせる際にも、物質の性質がなぜ意識を生みだすのか、依然として不明である。結局彼はそれを、計算不能というブラックボックスの中へ解消する。それにもかかわらず、この計算不能はある決定論的な仕組みにおいて成り立つと言う。

またスタップでは、アクチュアル・イベントに主観性を前提にする際、ノイマンに倣ってこのイベントが量子状態を選択する主体と考えているため、その主体は非物理的な心ではないかと批判されうる、という問題がある。したがってこの主体としての「Process 1」が、非物理的な心ではなく、かつ量子状態自身に備わる「経験」とスタップが言うものとどのように折り合うか、検討が必要となる。

しかし、物質と意識とが、ある次元において重なり合っているというのは、スタップだけの考えではない。たとえば彼は、この二者の接点に関するW・パウリ（一九〇〇―五八）の説に着目する。

「パウリは、量子論における偶然の要素が、伝統的な物理的実在ではなく、心―物質という区別を超えた実在への扉の開示をもたらすことを唱えている。[16]」

ここには、決定論的な「伝統的な物理的実在」に対して、「偶然」の入る「量子」的実在を認め、前者が「心―物質」を区別するのに対して、後者にその区別のない次元を見出している。後者からすれば、物質から心を分離するのは却って、「伝統的」で限定された学問的立場にすぎないのである。

4 リベットの実験の再解釈

前節で確認したような、古典的な物質が規定される以前の状態として量子状態が位置づけられるとき、自由意志の否定とも見なされることの多い、B・リベット（一九一六―二〇〇七）が発見した意志発動以前の活動電位は、どう理解されるのか。

まずリベットの実験の概略を確認したい。円形に並べられた文字盤に沿って、一周二・五六秒の速さで光点が移動する。それを見つめている被検者は、ある特定の瞬間に、手首の関節を素早く曲げるように指示される。そして、それを意志した時点、さらに手首を曲げ始める時点が記録される。[17] 手首を曲げ始める時点を〇とすると、

1 五五〇ミリ秒前：脳内の準備電位（Readiness Potential）の発生。

2 一五〇ミリ秒前：手首を曲げようとする意志が生じる時点（Will）。

3 〇ミリ秒：筋肉活動の開始。目に見える形で手首が曲がり始める。

1から2までの四〇〇ミリ秒の時間は、無意識的な準備電位の段階に相当する。しかし当初、自由意志を擁護する目的でこの実験を行ったリベットは、2から3の直前までの一〇〇ミリ秒の間を、拒否の発動可能時間と考え、しかもこの拒否発動に、

準備電位を必要とする意志とは異なった性質を仮定した。さてここで、この実験についてのスタップによる量子論的解釈に着目したい。

「量子力学的状態によって物理的なシステムを表すことは、アクチュアルな世界そのものについて表すことではなく、むしろ巨視的には異なった選択肢の一つを選び現実化するようなアクチュアル・イベントの登場への傾向について表すことなのである。[18]」

意志的判断が生じていない量子的な「重ね合わせ」の状態から、アクチュアル・イベントがその「選択肢の一つ」を選ぶ際、そのイベントの登場の仕方の記述が量子力学の役割ということである。

「したがって、リベットによって発見された（準備的活動電位に対する意志の）遅延は、この量子力学的な意識理論によって要求されるのである。」（括弧内引用者[19]）

ここで、量子状態が準備的活動電位として位置づけられているのが見出される。しかし問題は、準備的活動電位における量子的な「重ね合わせ」から、ひとつの古典的状態を選択するアクチュアル・イベントは、それ自身どのようにして登場するのか不明な点である。このイベントは量子状態の波動関数の法則に従う物理的な出来事なのか、それともそれとは別の自発的出来事なのか。量子状態に内在するのか、それともその状態から独立した作用なのか。

「つまり、より低いレベルの処理活動が、まずはいろいろな選択肢を準備し、そしてハイゼンベルクのアクチュアル・イベントがそれらのひとつを選択し、現実化するのである。[20]」

確かにスタップは、カルテジアン劇場のように、脳作用から独立した主観は否定する。つまり、非物理的な主観を立てるのではない。反対にアクチュアル・イベントを既知の物理法則に従った出来事と見なすこともない。その意味でこのイベントには両義的なところがある。これは、量子飛躍が物理的な説明を要するのか、説明以前の前提なのか、という問いにも通じる。

スタップは、アクチュアル・イベントには物理的根拠がないという批判[21]に対して、このイベントは、物理的過程と異なる出来事ではなく、いかなる既知の法則や規則によっても決定されていない出来事だという表現で応答する。[22]そしてこの応答は、このイベントに「経験」の側面を見出す彼の考えとも重なっている。これは、物理的過程の中に自発性を非合理ではない仕方で位置づける、ひとつの立場を示している。そしてこの「経験」を、マイクロチューブルを介さずとも量子状態の中に認めることは、ペンローズとは異なる点でもある。
このように、スタップの特色のひとつは、意識のない量子状態から意識が「生み出される」という構図を採らないことで、物質と意識との断絶を回避した点にあった。彼は、計算不可能な量子状態の大規模な収縮が、意識生成という不可解な出来事を担うというペンローズ的な構図ではなく、量子飛躍をすでにアクチュアルな出来事と見なし、そこに主観的「経験」の側面を遍在的に付与することで、意識の由来の謎を解く上でのひとつの特徴的な見解を示した。

5 「唯心論物理学」の展開

スタップでは、アクチュアル・イベントの「経験」的な性質を量子レベルで認めつつも、計算不能な量子状態と、決定論的な古典的状態とを分ける考えがあった。それに対して、「微視系」（量子レベル）と「巨視系」（古典レベル）とを分けないことで、この断絶を解決しようとする立場がある。つまり、宇宙全体を微視系と見なしてしまうことで、微視系から巨視系への収縮の必要をなくし、その結果宇宙全体に主観的側面を見出す立場である。それが「唯心論」と主張されるのはこうした意味である。またこれは、量子力学での観測問題の解決という問題意識から導かれた「唯心論」でもある。

この提唱者の中込照明（一九五一―）によれば、ノイマンの理論は、「状態ベクトルの収縮」に「観察者の意識を導入」[23]する際、観察者が一人という前提があるという。それは、「観測者が二人いる場合」「観測者を含むシステムを別の観測者が観測する場合」[24]に生じる、「ウィグナーのパラドックス」を避けられないという。それに対して中込は、「観測するものと観測されるものとの区別」に問題の出所を見て、これをなくすために、「意識システムの規定」を作り変える必要性を説く[25]。それはこの区別を設けず、実在の全体を観測しつつ観測されるものと見なす考えであり、これが中込の「唯心論」の特徴なのである。しかもこれは、ノイマンの「Process 1」が物質世界から独立してしまう問題も解決させる。

さらに、量子力学的な「微視系」と、古典力学的な「巨視系」との分裂は、最終的に「古典力学の理論が貫徹され」るという私たちの前提を満たすために、「状態ベクトルの収縮」が要求された結果であり、この前提を中込は「明らかに不徹底」[26]だという。こうして彼は、古典的世界モデルで否定される「自由意志および意識、流れる時間としての『今』」が、古典的世界の中にも組み込めるように、「世界モデルを変更」[27]する必要を説くのである。

この唯心論的世界を中込は、各々のモナドの内的世界が、世界の「基底」として存在し、それを各モナドが各々の仕方で予定調和的に照合し合っている世界だという[28]。注意すべきなのは、外的な客観的世界があって、それを各々のモナドが各々の内的世界に映し出すのではなく、各々のモナドの内的世界とそれらの照合以外に、世界はないことである。したがって、そこでは意志および意識は初めから存在しており、先立って存在する客観世界から作られたものではない。これは、絶対的な物質的客観世界を実在とする構図とは根本的に異なる。

「要素的な意志および意識は初めから存在しているとしなければならない。そしてそれらは要素的であるがゆえに複合系に付与することは出来ない。[29]」

つまり、意志や意識は基本的な実在なので、意識のない複合系に「付与」されたり、反対にそこから奪われることもない。もとからその複合系の「要素」だからである。

こうした考えは、たとえばD・チャルマーズ（一九六六―）の、「意識は基本的である」という主張の中にも見て取れる。彼は、十九世紀に電荷が、それまで「基本的」とされていたニュートン力学によっては説明できないものとして、新たに「基本的」なものとされたのと同じ意味で、意識も「基本的」なのだと言う。[30] つまり、電荷が古典的な質量と運動といった概念から成り立たないのと同様、意識もそれより基本的な概念から成り立たないというのである。これは、意識より基本的な概念から意識の成立を問う構図を解体するものである。

このような物質と意識、微視系と巨視系との断絶を解除したのが量子論的なモナド論である。しかしこの論の中では、各々のモナドが消えること、つまり個体の死をどう位置づけるかの思索が為しづらい。世界が心なので、生きた存在が死んだ物質から生じて、また消滅して行く、という構図が成り立たないからである。個体の死は存在の消滅ではなく、世界が自らを映し出す仕方の変化でしかない。

これは、「私」が存在する根拠を問い、死後についての慮りをする世界、死が生の意義を左右させる世界が抱える問題を受け止められるのか、という疑念を残させる。他方、唯心論からすれば、個体としての「私」は究極的には存在しないので、死して虚無に埋没することや、個体の消滅による虚無自体が、もともと存在しないことになる。

また、モナド論的な唯心論の世界モデルでは、超越者はおらず、この世界とは別の超越的な世界がない、という問題もある。つまり、この世界の「外部」は求められないので、果ての向こうの世界はない。その意味で果てはない。それゆえ、世界の外部からこの世界に意味が与えられることはなく、最終的にこの世界のままで充実するしかない。それは、超越者を求めることではなく、このモナド論的唯心論へと「世界モデルを変更」することが、そのまま超越に相当することになる。

それでも、超越者不在で意味の欠如した世界にならないのかという疑問は残る。しかし、「神がいない」「意味がない」世界とは、物質の決定論的な無意味性、無目的性の世界が、意味に満ちた超越的世界と対置されることで成立する。言い換えれば、死んだ物質や、神の不在の虚無は、生きた魂や充実した神的世界との対置がなければ成立しない。

すると、超越した世界の非存在は、この世界を虚無や無意味にする根拠を奪い、この世界の「無意味」を崩壊させることで、この世界自体を超越の場所にさせる。結局、超越者が不在になった世界に、なおも超越の可能性があるとすれば、この世界自身が超越の次元に転ずるしかない。唯心論は、主観が実在と一体化し、生命と物質とが連続し、意識が物質と協働することで、実在の全体を形成しうる宇宙であった。それは決定論に外部から自発性を加えたり、無意味な物質を有意味化させたり、神のいない所に神霊を吹き込むのではない。決定論、無意味、神の非在を成り立たせていた世界の構造を不成立にさせることで、世界をそのまま肯定し直すのである。

6 超越の次元のゆくえ

宗教経験が科学的に解明された時代に、超越の次元はどうなるか。そうした本論のテーマに対して、この世界をそのまま超越の世界と見なす立場の意義を最後に確認したい。

科学の発達は、「今ここ」と区別された超越の次元を求めることの限界を、私たちに示してきた。しかしそれは、反対に「今ここ」自体を超越の次元として捉えることの意義を示すことにもなった。超越的な神は「死んだ」のかもしれないが、反対に、物質からできた決定論的で無意味な人間という近代的な人間観、世界観の方も、実在の限定によって成り立っている可能性を、量子論的な脳神経科学などは解き明かしつつある。つまり、この世界自体に、近代的な人間像からの超越の次元が隠されているかもしれない、という構図である。

神が権威を失い、ここことは別に超越者を求めることの不可能な世界における、超越の可能性を説いた現代の思想家に、たとえばD・キュピット（一九三四―）がいる。彼は宗教経験の否定を説き、「言葉の通俗的、無批判的、実在論的な意味における『宗教経験』を、私たちに忘れるよう説得」した。その代わりに注意を向けるべきなのが、「宗教的思惟の過程」[31]だという。彼の宗教経験の扱い方はさておき、この主張が本論と共通するのは、宗教的な超越を概念によって行わず、ここにある概念化以前の世界にいながら超越することの必要性を説く点である。むしろ概念化それ自体の成立に着目することで、概念化を超えるのである。

そこでキュピットは、宗教的思惟の「過程」としての「生活世界 life world」を説く。「宗教的思惟にとって、原初的な世界とは端的に生の世界、つまり『生活世界』である」[32]という。問題は、これが現実の世界と何が異なるのかである。キュピットに則れば、現実の世界がそのままで「生活世界」なのではなく、現実はすでに概念の世界でしかない。物質の世界、決定論的な世界、つまり超越的世界と対置された価値のない世界を、私たちは現実の世界と見なすが、それらこそは、概念化のフィルターを通さなくては成り立たないのである。キュピットの言う、形式化された宗教経験もそこに含まれる。

すると「唯一の世界としての『生活世界』」とは、物質的な限定以前の流れ、決定論の未成立、存在と価値との対立以前に相当することになる。しかしその世界はこことは別の世界ではない。概念化のフィルターが、それを遮っているにすぎないからである。

そしてこの唯一の世界は、主観抜きの客観的世界でも、客観から孤立した主観に閉じられた世界でもない。したがって客観からも、反対に主観からも離脱する「二重還元」が、この世界実現のためには要求される。

「向こう側には客観的世界、こちら側には主観的な自己性、その両方が、常に-すでに-言語によって-形作られた流れの中へと引き下げられる。[33]」

こうなると「生活世界」には、「始まりがなく、終わりがなく、外部のない、流れとしての世界[34]」という特徴が見出されてくる。始まりと終わりは、概念的な思考では消去できない。しかしそうした厳密さを伴う思考さえ、「見えない枠で隔てられることによってはじめて生じる」と見なすところに、その枠以前の「生活世界」の超越性がある。その世界への移行には、「終わり」さえも作り出している枠組を無効化するという、概念の世界からの質的な乗り越えが不可欠だからである。その結果、概念枠のフィルターを介さないで、実在と直接触れ合うことに到る。この実在との触れ合いにおいては、形而上学的な謎や、悪や滅びが生じる根拠の消滅が起こる。これらは概念の世界からの質的な跳躍によってはじめて達成される点で、このフィルターで隠された現実からの超越でありうる。

おわりに

科学技術には、自然のすべてを解明し、操作するという「理想」があり、それは自然を予測、利用し役立てるための解明である。この予測のためには、操作対象が決定論的物質世界であることが都合よく、それによって対象は正確に操作され、反復的再現が可能となる。脳についてもこれが適用されれば、意識は完全に科学技術のコントロール下に入る。しかしこの構図では、操作主体だけは対象から外れる。すると、その「主体」もいずれ、操作対象に含まれてしまうのか否かが問題となる。もし主体が支配されるならば、操作対象と主体との逆転になろう。

それに対して量子脳理論が提唱したのは、主体自身が実在に含まれる世界であった。そこは対象の領域にも主体が含まれるため、独立した主体が客観世界を操作、利用するという構図が成り立たない。これは世界が計算不能ということでもあり、その構図はマイクロチューブルで量子状態の収縮が起きるとする立場から、すべてを微視系と見なす唯心論的立場にまで共通していた。これは主体と対象とが分かれず、むしろ対象や世界を主体化することであった。

そこでは、主体が世界の創造に参与できる一方、その世界の外に永遠の超越世界を立てることもない。関心対象としての「今」を、永遠に保存する超越的客観世界も、主体が対象を概念的に理解することによって生じるにすぎない。反対に、そうした超越世界の不在は、永遠であるゆえに価値ある世界ではなく、「空」であるがゆえに「輝き」のある世界であった。主体が実体であれば、その関心の「今」を永遠に保存する世界が求められるが、主体が「空」であれば、関心対象の「今」を保存する必要がない。この流れの世界がそのままで永遠の世界となり、そこでは「空」と「輝き」との対立が消滅する。反対に「空」の空虚化は、「今」を保存しようとする渇望が初めて生じさせる事態であった。

注

(1) Nelson, Kevin, *The Spiritual Doorway in the Brain*, New York: A Plume Book, 2012, p. 183.

(2) James, William, *The Varieties of Religious Experience, The Works of William James*, Harvard U.P., 1985, p. 307.

(3) その一回性を示す体験告白として、次のようなものがある。「一度神の霊の現前を感じてから、私はそれを長い間決して失っていない。神の存在についての私の最も確信的な証拠は、あのヴィジョンの時間に、あの崇高の経験の記憶に、深く根差している…」(Ibid., p. 62)。

(4) Nelson, *The Spiritual Doorway in the Brain*, pp. 260-261.

(5) 基本単位の集積が脳状態であれば、脳やそれに支配される意識は決定論になる。もし脳状態が、粒子に還元不可能な「流れ」でしかないなら、決定論の論理的根拠が揺らいでくる。さらに、基本状態が位置と時間を同時に特定できない量子状態なら、事情は原理的に異なってくる。したがって同じ物理主義でも、物理的な基本状態をどう見るかで、意識の決定性に関する捉え方は大きく異なってくる。

(6) Newberg, Andrew, *Principles of Neurotheology*, London and New York: Routledge, 2010, p. 55.

(7) Ibid., p. 223.

(8) この『心の影』という書名は、物質としての脳を心の「影」と位置づけ、実在性を脳に対して心の側に置くことを意味している。

(9) Penrose, Roger, *Shadows of the Mind*, London: Vintage Books, 2005 (First published by Oxford U.P., 1994), p. 373.

(10) Ibid., p. 350.

(11) Ibid., p. 367.

(12) Stapp, Henry P., *Mind, Matter and Quantum Physics*, Third edition, Berlin, Heidelberg: Springer-Verlag, 2009 (First edition 1993), p. 41.

(13) Ibid., p. 166.

(14) Ibid., p. 271.

（15）Ibid., p. 123
（16）Ibid., p. 150.
（17）Libet, Benjamin. *Mind Time*. Harvard U.P. 2005, pp. 124-127.
（18）Stapp. *Mind, Matter and Quantum Physics*. p. 139.
（19）Ibid., p. 140.
（20）Ibid., p. 140.
（21）たとえば、D・ジョージーブは、スタップの「心」が波動関数や密度行列も持たないのに脳に作用しうるのは、超常的なサイ効果のようだと批判する（Georgiev, D. "Mind Efforts, Quantum Zeno Effect and Environmental Decoherence", in *NeuroQuantology*, 10(3): 2012, p. 374）。
（22）Stapp. "Reply to a Critic: 'Mind Efforts, …' ", in *NeuroQuantology*, 10(4): 2012, p. 105.
（23）中込照明『唯心論物理学の誕生』海鳴社、一九九八年、六八頁。
（24）同書、七〇頁。
（25）同書、七一頁。
（26）同書、九二頁。
（27）同書、九四頁。
（28）各々の主体は世界を各々の仕方で映すモナドとされ、それは複数のスクリーンから映し出されるひとつの戦車ゲームに喩えられる。各々のスクリーンを操作する主体は、別のスクリーンからは相手の戦車として見出される。このとき、各々のスクリーンとは別に、客観的な世界があるのではなく、世界は見て操作されることとひとつであり、しかも共同主観的にのみ成立している（同書、一〇九―一一〇頁）。
（29）同書、一〇一頁。
（30）Chalmers, David, "How do you explain consciousness?" in TED ideas worth spreading, filmed March 2014 at TED 2014.（https://www.ted.com/talks/david_chalmers_how_do_you_explain_consciousness）, transcript 9:26.
（31）Cupit, Don, *Emptiness & Brightness*, Santa Rosa, CA: Polebridge Press, 2001, pp. 79-80.
（32）Ibid., p. 83.
（33）Cupit, Don, *The Last Philosophy*, London: SCM Press, 1995, p. 62.
（34）Ibid., p. 23.

宗教研究は脳科学・認知科学の展開にどう向かいあうか

井上順孝

はじめに

広く知られているように、米国では一九九〇年代にDecade of the Brain（脳の十年）と呼ばれるプロジェクトが立ち上げられた。また一九九〇年にはヒトゲノム計画が公式にスタートし、二〇〇三年四月には完全解読が宣言された。ヒトのゲノムサイズは三一億塩基対で、遺伝子数が二万二千余りであることが分かった。オバマ大統領時代の二〇一三年にはBRAIN initiativeがスタートしたが[1]、これは脳マップを作成し脳の働きの全容を解明することを目指すものとされている。

ＥＵにおいても、二〇一三年にThe Human Brain Projectが発表され、ニューロインフォマティクス、人工知能の発展に特化した研究を進める方針を定めた。日本でもこうした流れに沿って脳研究や遺伝子研究などが進められており、中国、韓国、シンガポールなどでも、同様の研究が活発になっている。

これらの研究は、学術的目的だけでなく、むしろ軍事、医療、ビジネスなどに直結するがゆえに、巨額の投資がなされていると考えられる。とはいえそこで得られた成果の影響は、社会科学、人文科学にも広く及んできている。一九九〇年代初頭に導入されたfMRIの技術の幅広い利用、二〇〇〇年代後半におけるオプトジェネティクス（光遺伝学）の開発、二〇世紀後半以来のコンピュータ技術の急速な進展に代表されるテクノロジーの革新は今後も続いていく。新しい科学技術に下支えされた研究は、心の領域の問題や人間行動の問題に関しても、従来と比べてはるかに緻密なモデルを提供し、実証性も増してきている。宗教研究もこうした動向に正面から向かい合うべき状況になってきている。二〇〇六年には国際認知宗教学会（IACSR）が設立されたが、これもこうした動向に対応したものと理解できる。

主として宗教社会学の立場から現代宗教を調査してきた者として、このような動向には非常な関心を抱かざるをえない。現代宗教を研究する際には、超越的存在、超常現象、死後の世界、他界、聖なるものなどと記述されてきた事柄についての研究対象者による直接的な言説、あるいはそれと関連した行為といったものと向かいあう機会が多くなる。これらをどう理解すべきかについて、最近のこうした一連の研究の成果は、従来の宗教社会学とは異なる分析視点へといざないつつある。たとえば、DNA研究などが刺激した進化論の新たな展開（進化生物学、進化心理学など）によって、道徳や倫理を支える心的基盤に進化論的発想を導入するとどうなるか。fMRIの利用や非侵襲的BMI研究の発展による脳の働きの解明の展開は、宗教的行動、思考に、他と異なる何か特徴的なものを見出せるのか。あるいはコンピュータテクノロジーを使った人工知能の発展は、人間の意識形成のシミュレーションへと道を拓くもので、これが「宗教意識」と呼ばれてきたものを新しい視点から考察させることになるかもしれない。

脳科学（脳神経科学、ニューロサイエンス）や、これと連動して展開している進化生物学、進化心理学、認知哲学、認知人類学など認知系の諸学問（本稿では、これらの研究分野を広く概括して、便宜上「脳認知系の研究」と表現しておく）において提起されている見解のうち、宗教研究においても参照すべきものが何であるかの議論は、これから本格化していくと考えられる。とはいえ、この試みをいきなり宗教研究全般に関して考察するのは、一人の研究者の手に余ることである。ここでは、筆者が専門領域としてきた近現代の神道研究と新宗教研究を具体的対象としながら、どのような新しい分析視点がありうるのかについて考察したい(2)。

1 神道研究に関係する問題

神道も古代から現代に至るまでさまざまな変遷をたどっているが、どこからどこまでが神道なのかも研究者によりまちまちである。近代の神道は明治政府の宗教政策により、仏教との差別化が図られ、儀礼等の統一もある程度なされているので、比較的輪郭がつかみやすいが、古代から現代に至るまで神道を一貫して特徴づけるものが何かとなると非常に難しい問いとなる。また神道は定まった教えがない（教典を欠く）とか、信念体系が明確でないという言い方がされることが少なくない。

ただその中核にはカミについての信仰があることは明白である。またその儀礼の背後には罪・穢れという観念が保たれている。現代神道に的を絞ったとしても、着眼すべきテーマは多々あるが、ここでは現代神道においても中核にあると考えられるカミ信仰と罪・穢れの観念の二つを取り上げることにする。

(1) 神観念

神道は多神教とされているが、そのカミ観念はなかなか把握しづらい。カミとそうでないものとの区別、つまりカミの境界は判然としないからである。カミと人間とは連続的にとらえられていることが多い。ある人間が生きたままカミとして祀られることがあり、その場合は生神と呼ばれたりする。特別の事績のあった人物などが死後カミとして祀られることもある。豊臣秀吉、徳川家康、明治天皇などが死後カミとして祀られた代表的例である。カミと動物の境界線もあいまいである。神使という言葉があるように、鹿などが「神の使い」として神聖視されることもある。動物がカミそのものでなくても、きわめてカミに近い存在となる例がしばしばある。

カミ信仰の観念や儀礼なども多様である。神社の参拝に際して、祭神、つまり祀ってあるカミが何であるかをあまり気にせず祈ったり、願ったりすることも珍しくない。全国に八幡社、稲荷社は数多くあるが、そのカミの由来に関心ある人はきわめて少ない。毎年正月三が日の初詣客が三〇〇万人を超える明治神宮であるが、その祭神が明治天皇と昭憲皇太后であることを知っている人の割合は少ない。参拝する人々にもっとも意識されているのはおそらく「御利益」(神道では「ご神徳」という)である。ご神徳がカミの働きによるものとみなされているなら、なぜそのような考えが広く抱かれるようになったのであろうか。

神社参拝、あるいは地鎮祭、初宮詣、七五三などに際してのカミの働きについての理解は、神道の研究からすれば、一般的には神道のカミ概念、あるいはカミ観念の問題に包摂される。しかしこれは神道研究者の間でも難問である。信仰されているカミは非常に多様であるので、いくつかカテゴリーに分けて考えるのが一般的である。それは多分に便宜的な形式上の区分にならざるをえない。筆者が編集者の一人となった國學院大學日本文化研究所編『神道事典』(弘文堂、一九九四年)では、「神」を扱った章で神の区分を試みているが、神を古典の神、習合神、民間の諸神の三つに分けている。これも形式的な区分によったものである。

とはいえ神道のカミの定義を試みる研究もある。そうした場合に、必ずといっていいほど参照されるのは、本居宣長が『古事記伝』のなかで示したカミについての説明である。実際のカミ信仰を踏まえての説明と言える。宣長は次のようにいわばカミの定義をしている。

さて凡て迦微とは、古御典等に見えたる天地の諸の神たちを始めて、其を祠れる社に坐ス御霊をも申し、又人はさらにも云ハず、鳥獣木草のたぐひ海山など、其余何にまれ、尋常ならず、すぐれたる徳のありて、可畏き物を迦微とは云なり。

この宣長のカミについての説明のくだりのうち、広く引用されてきたのが、最後の「尋常ならず、すぐれたる徳のありて、可畏き物」という箇所である。偉人がカミとして祀られたり、雷がカミの働きとされたり、ときには疫病さえカミのなす業と理解されたりする日本の宗教史の現象には、この説明を適用できそうである。だが、脳認知系の研究の知見を参照しようとするとき、このカミについての宣長の特徴づけは、この部分のみならず全体として非常に興味深い指摘であることが分かる。

宣長はここでおおよそ三種類の神を指摘しているとみなせる。まず「古典にある諸々の神」である。これは『神道事典』における区分の「古典の神」にも対応するが、記紀、万葉集などに言語化されることでその名が固定化したカミとみなせる。現代の神社の祭神の多くはこれに属する。このカミは文字化され社会的に記憶された神として理解できる。ある名称の対象をカミとして認知していく上で、テキストの存在は決定的である。口承によるものと異なり、書籍にテキスト化された神名は、長い歴史の変化に耐える。世代が変わっても継承されていく共通の表象を得られることになる。社会的表象によって支えられるカミのあり方である。

次にそこに「座ス御霊」という神がある。このタイプは実は神道においてもっとも古いカミの表象であると考えられる[3]。これは川や海などの水、強い風、水源の山、孤島など、特別な場所が持っていた何かに結びついたカミである。人間がその自然環境の中に何か特別な力を感じ取った結果と考えられる。それを感じさせる自然の景観があったとすれば、これはアフォーダンスの問題としても議論が可能である。

ギブソン（James Gibson）が展開したアフォーダンスの考えでは、人間は光の情報（とくに包囲光）をもとに環境と行動との関係を決める。平坦な場所は歩いたり走ったりすることをアフォードする。ぬかるみはその上を歩くことをアフォードしない。「神が座す」と信じられてきたような急な岩からなる小島は、人々が住むことをアフォードしない。それが何らかの感情を呼び起こした可能性がある。そこは近寄ってはいけないとか、近寄れないという感覚との結びつきである。神道には聖域を禁足地として踏み入れるのを禁じる観念が古くからある。何か近寄りがたいもの、容易に近寄ってはいけないものというような認知を生じさせる環境の存在への気づきと考えられる。

そしてもう一つが「尋常《つね》ならず」という属性で特徴づけられるカミである。そこには出来事や自然物が含まれる。雷もそうである。神観念がどうして生まれたかを考える上で、人間が何にか畏怖したり、表現できないような特別な感情を抱くことがあるという心理的な特徴との関係は、これまでの宗教研究においても重視されてきた。オットーのヌミノーゼ概念や、エリアーデのヒエロファニーという概念もこれに関わっている。これらは畏怖の感情の特質を理解しようとする上で、宗教研究において広く用いられる概念であった。

しかし、オットーの議論もエリアーデの議論も、最終的には宗教性とか聖性とは、分からない人、感じられない人には理解しようがないものとしているので、いわば閉じられた面をもつ。これに対し、進化生物学や進化心理学などを参照すると、畏怖や聖性の問題を人間が進化の過程で身に着けた反応、そしてそれは生存にとって有利に働いた可能性があるという方向で議論するので、肯定するにしても否定するにしても、議論は開かれており展開の可能性がある。

宗教における神観念の形成についての認知宗教学の研究はさまざまな視点からなされている。興味深い研究の一例として、バレット（Justin L. Barrett）の見解を紹介したい。バレットは神学者でもあるが、人間が神を信じるようになった理由を認知科学的に追究している。*Why Would Anyone Believe in God?*[4]という書の中で、人間の認知の特性に注目し、そこから見えない神の実在を信じるようになる理由を考察している。

バレットは人間の認知の特性に関して、省察的（reflective）信念と非省察的（nonreflective）信念という二つの概念を設定している。宗教は非省察的信念に関わるが、超越的な存在などの信念が生まれた理由を考察する上で、ＭＣＩ、ＨＡＤＤといったメンタルツールに関する概念を提起している。ＭＣＩ（Minimum Counterintuitive）は仮に「最小反直観的」と訳しておくが、反直観的ではあるが、人間の認知が受け入れられるぎりぎりのものを指している。神が人間の体をして、かつ不死と捉えることや、見えない祖霊が実は存在するという観念、火山など自然物に神が宿ると考えるのもＭＣＩの例となる。[5]

ＨＡＤＤ（Hypersensitive Agency detection device）は「過敏な動作主体探知装置」と訳しておくが、ある音や動きなどに対し何か生き物がいると反応するようなことである。例えば森の中で枝が折れる音がしたら、生き物がいるのではないかと推測するような反応である。実際はその原因は風かもしれない、あるいは枝が古くなって折れたのかもしれない。しかし生き物が折ったと思う方が生き延びる上で有利に働いたという理解である。進化心理学的理解であるが、こうして自然の背後に神の存在を想定する心の特質が発達したと考える。[6]

神道では神仏習合以前はカミを特定の像に刻むことはしなかったとされている。しかしカミの図像化は江戸時代に浮世絵が流行する中に広まった。そして現代では神道のカミが人間として表象され、描かれることは珍しくなくなった。ことにアニメやコンピュータ・ゲームなどに馴染んだデジタル世代においては、神道のカミは半ば脱文脈化されつつ、人間あるいはそれを模した姿で親しまれている。脱文脈化というのは、スサノオやアマテラスなど、記紀に登場する神々も、神話の話とは関係なく、たんに非常なパワーをもったキャラクターとして登場したりするという意味である。

神を人の姿をした存在として描くのは、多くの宗教に見られる。旧約聖書には「神はその姿に似せて人を作った」とあるから、キリスト教においてカミが人に似た存在として描かれるのはむしろ必然的と考えていい。実際、『Oh God!』（邦題『オー！ゴッド』）、『Evan ALMIGHTY』（邦題『エバン・オールマイティ』）のように、神が人間の姿をしてこの世に現れる映画がいくつか作られている。

古代エジプトの神々のように動物神も世界に多く見られるが、神が人に似た姿に描かれるのは広範に見られる。神が人の姿で描かれることが多い理由については、一九九〇年代に認知宗教学者ガスリー（Stewart Guthrie）が *Faces in the Clouds* という書の中で興味深い見解を示している。(7) ガスリーはその基本的立場を現在でも踏襲しており、二〇一五年に國學院大學日本文化研究所主催の国際フォーラムで発題した際にも、その立場を維持する発題を行った。(8)

この見解は顔を提示することで、紡錘状回顔領域と呼ばれる脳の部分が活性化するという事実についての研究結果と関連づけられる。俗に「顔ニューロン」と呼ばれている部分である。この領域は自分であろうと他人であろうと、ともかく顔に対して即座に反応する。実際人間は多くの人を顔によって認識している。それゆえ、たとえば円の中に目と鼻とおぼしき三本の直線があるだけで顔として認識するのである。ガスリーは雲に顔を見るように、岩や建築物にも顔を見る人間の認知に注目し、擬人観の普遍性を踏まえて、擬人観の一形態として宗教を理解しようとする。ヒューム（David Hume）が宗教は擬人観であるという見方をしたことの影響の大きさに言及し、ヒュームは認知科学者の先駆者とみなされることもあるとしている。

人間の顔ニューロンの存在と、進化的に環境の中に動作主体を探知するようになったという説は、現代における日本人のカミの認知の仕方とも齟齬しない。

（2）罪・穢れなどの観念

日本の宗教に戒律、タブーは少なく、ことに神道はそうだとみなされることがある。ユダヤ教、イスラーム、ヒンドゥー教などには食のタブーがあるので、明確な戒律を伴う宗教だと認識されやすい。しかし、神道に戒律的なものがないわけではない。大祓祝詞には天津罪、国津罪という言葉が見られるが、このうち国津罪というのは戒律としての側面がある。国津罪とされるのは「生膚断　死膚断　白人胡久美　己が母犯罪　己が子犯罪　母と子と犯罪　子と母と犯罪　畜犯罪　昆虫の災　高津神の災　高津鳥の災　畜仆し蠱物為罪」である。こうした罪を犯すと穢れが生じるので、避けられなければならないとされる。ただこれは祝詞として奏上されても、人々の避けるべき行為として、常々社頭で説かれるわけでもないので、宗教的規範として意識される度合いが弱いというだけである。

実際に人々の意識に影響を与えてきたのは何であったか。それは日常生活において避けるべき言葉、あるいは行為として伝えられてきたものである。それらは神道の戒律というよりは日常的なタブーとして認知されてきた。[9]特徴的なものの第一は、死や死体を連想させるものに対する忌避である。神道では死が穢れであると捉えられてきた。記紀神話でイザナギは、黄泉の国に行ったことで穢れたので、筑紫の日向の小門の阿波岐原で禊をした。『延喜式』には伊勢神宮の斎宮忌詞が掲載されているが、死という言葉を使うのは避けられ奈保留と言い換えているのが分かる。現在でも神葬祭の割合は一％未満と非常に少ないのも、起源が新しいからというだけでなく、神道においては死が穢れとみなされることが関係しているとされる。つまり現代日本で仏教式の葬式が圧倒的に多いのは江戸時代の檀家制度が関係しているが、近世末期から行われるようになった神葬祭が、今日に至るまでさほど広まっていないのは、それを忌避する神職もいることが関係していると考えられる。

また血が穢れとされ、生理中の女性は神社への参拝を控えるべきという発言がされることもある。民俗学では死に関わる忌避を黒不浄、血に関わる忌避を赤不浄と呼んだ時期がある。ただ血に関しては単純に穢れとみなされているわけではない。記紀神話の中にはカグツチ（火の神）の話がある。イザナミはカグツチを生んで陰部にやけどをして死ぬが、怒ったイザナギはカグツチを刀で切り殺してしまう。その刀についた血からタケミカヅチなどの神々が生まれる。つまり血は新しい生命をもたらしている。

穢れをもたらすもの、あるいはそれを想起させるものとして、死体や血が第一に考えられている神道のあり方は、世界の宗教観念からしても、むしろありふれた部類と言える。それが現代神道においても依然として一定の影響力をもっているということは、これを人間についての生理的な理解が乏しかった古代人の反応として考えるだけでは十分でないことを示唆する。

死体はかつて生命をもつものとして認識されていた対象がそうでなくなった状態である。血は認知科学で扱う自他の境界の問題に関わる。血は体内にあるときは自分の一部であるが、出血すると自分ではなくなる。これは人類学者のメアリー・ダグラスが『汚穢の研究』で示した考察と関係している。ダグラスは、タブーは、境界領域のものということに注目した。

ある行為を忌避する、さらに穢れたものとして認知するのはどうしてであろうか。宗教社会学的にはデュルケムがみなしたように、社会の力の影響と言える。何が穢れているかの認知は社会ごとに異なるし、また社会が提供する表象を十分取り込んでいない子どもは、大人が穢れとみなすものを避けないこともある。

脳認知系の研究が示唆するのは、こうした忌避行為や穢れの観念には、遺伝子的なものに影響されたものと文化的に構築されたものの二つが複雑に関係しているという、当然といえば当然の前提を追究する必要である。血液は栄養が豊富であるとともに、病原菌を運んでいる可能性がある。血に対する忌避感と、血からカミが生成するという生命力の感知は矛盾するようでもあるが、いずれも根拠がある認知ということになる。血は出血という場面において、人間の身体にとっての境界領域に当たる。

境界領域のものに関する人間の反応は、脳認知系の研究では、二重過程（Dual Process）理論で扱いうる問題である。たとえば唾液への感情を考えてみる。唾液は自分の口の中にあるときはなんともないが、いったん、皿に吐き出すと汚いものとなる。この感情の切り替えは何に基づくか。二重過程理論に基づけば、人間の認知は二つのシステムによって形成される。二つのシステムは、システム1とシステム2、自動処理と意識的処理、ヒューリスティック処理と分析的処理、直観と推論、ホットシステムとクールシステムなど、研究者によってさまざまな呼称が与えられている。この命名で分かるように、区分の原理は、冷静に分析されることなくすぐさまなされる認知処理と、さまざまな条件を考慮した上でなされる認知処理に関するものである。

タブーの領域にあるものは、システム1による認知に強く影響を受けていると考えられる。それが社会的に一定の処理形態を生んだのが、たとえば葬式の際に渡される「清めの塩」である。タブーは社会ごとに形式が異なるが、それを支える認知メカニズムというものは文化的に獲得された行動形態というだけでは説明できない。神道的習俗における罪・穢れの観念は、日本の宗教史において独特に展開した面よりも、むしろ人間の認知の特性から生じたものとしてとらえることで、それが現代においても広く社会で共有されている理由を説明しやすい。

2　新宗教研究に関する問題

日本の新宗教研究は、戦後裾野が広がった分野である。宗教社会学的な視点に立つ研究が最も多いが、その理論形成にあたっては、二〇世紀初頭のウェーバーのカリスマ理論、二〇世紀後半のアメリカ社会学の準拠集団論、相対的剥奪理論、そして欧米のセクト理論、世俗化理論などに影響を受けてきた。ただ日本の教祖研究においては独自の研究視点も形成された。近代日本には多くの新宗教が出現し、その研究に際して教祖というテーマは非常に興味深いと感じられた。また多くの教団資料があったことも研究を促進した。

人口の約一割がゆるやかな意味での新宗教の信者と考えられるほど社会的影響は大きいので、なぜ人々は新宗教に魅かれたのかという研究テーマも盛んになった。日本の宗教史の展開の中に民俗信仰や伝統的な宗教（神道や仏教、修験道）との連続性の中に新宗教を位置付けていくやり方は、欧米の主流であった新しい宗教運動をセクトとかカルトとして括り出す観点からの研究とは、多少異なった視点を生み出した。宗教社会学者のウィルソン（Bryan R. Wilson）など一九七〇年代に盛んになった日本の新宗教研究に接したヨーロッパの宗教社会学者を通して、この日本の研究視点は欧米の研究にも参照されるようになった。

このように基本的に社会学、宗教社会心理学の理論に多くを依存して展開してきた新宗教研究であるが、脳認知系の研究の展開は、新宗教研究にとっても非常に興味深い視点を提起している。新宗教が扱う研究テーマはかなり幅が広いものとなってきているが、[10]ここでは教祖論と入信プロセス研究に関わる事柄に焦点を当て、脳認知系の研究が、従来の宗教社会学等の研究視点に加え、どのような新しい視点をもたらしうるかを見ていきたい。

（1）教祖論

歴史的宗教（仏教、キリスト教、イスラームなど）では、創始者の人物像は、多少なりとも神格化されたり理想化されたりして伝承されるのが常である。その実際の姿がどうであったかを研究者が調べる場合には、文字として残された資料に依存するしかない。そこには信奉者の立場から記述し保管されてきた資料が圧倒的に多い。これに対し、新宗教の教祖を研究対象とした場合は、実際に会って話を聞くことができる場合もある。すでに死去している場合にも、身近に接していた経験をもつ人たちから話を聞くこともできる。さらにまたその教祖を批判的に扱う資料を大量に入手することも可能であったりする。それゆえ、新宗教の教祖たちがなぜ多くの信者を惹きつけたかというようなテーマについては、歴史的宗教の創始者たちに対する場合に比べてはるかに多様な立場からの判断材料を入手できる。

新宗教研究の教祖論では、なぜその人物が教祖となったかのプロセスを論じたものが数多くある。その際に、説明原理としてしばしば用いられてきたのがウェーバーのカリスマ論である。カリスマは究極的には「神からの賜物」として説明される。これはきわめて多くの信者を短期間に集めたような教祖の理解には、ひとまずの説明原理となりえた。だが、なぜ人々はその人に従ったのかを考えていくとき、「その人にカリスマがあったから」では循環論法になる。その人物の発言、行動、雰囲気、それらがその人物が多くの帰依者を集めることに関わっているとするなら、脳認知系の研究を参照すべき十分な理由がある。

イエスやブッダを典型とするようなカリスマ論の場合、カリスマをもつ人物は新しい価値の創出と評価されてきた。しかし新宗教の教祖の場合、たとえばオウム真理教の麻原彰晃のような場合、そのカリスマ性は否定的なニュアンスも含まれて語られる。また「修行により空中浮揚ができる」、「多くの偉人の霊言を聞くことができる」、「天声が聞こえ、宗教家となった」など、現代の科学的な思考からすると否定的にみなされるような特異な言動を重ねるような教祖も、幅広い社会層から帰依者を得たりするという事実に直面する。この場合、信者となった人たちが正しい知識がなかったから、科学的知識がなかったから、あるいは理性が乏しかったから、というような説明はあまり意味をなさない。なぜなら宗教が科学的なものと相いれない部分があることは、むしろ歴史的宗教において顕著であり、科学的な知識が乏しいから新宗教の教祖に従うという見方は、直ちに歴史的宗教の信者の場合をどう考えているのかという反論をもたらすからである。

新宗教の教祖の神格化は歴史的宗教に比べてさほど進んでいない。霊能があったり、病気治しの力をもっていたりすることが人々を惹きつける要因の場合も多いが、その場合でも教祖の神格化はそれほど顕著ではない。むしろごく普通の人であることが強調されることもある。社会からは批判的な言説を受ける場合があっても、信者はなぜ帰依するのか。新宗教研究においては、教祖や教主の信者への接し方、そこでの教えの説き方について、直接的に観察する機会も得られる。歴史的な宗教の研究にはない特徴である。信者が教祖に従う場の雰囲気を感じることができる。

脳認知系の研究は、人間の脳の共感、共鳴する能力・同調の仕組みについて、脳波の分析やfMRIなどの技術を用いて新しい光を当てている。イタリアの研究者リゾラッチ（Giacomo Rizzolatti）が一九九〇年代にサルの実験で見出したミラーニューロンという概念は、人間にも適用され、人間が他者の行動を見て同じような情動を感じる脳の仕組みを明らかにした。

またハッソン（Uri Hasson）は、同じ概念やストーリーを聞くと、別の言語でそれを聞いても脳に同様の反応が観察されたと述べている[11]。ストーリーが同じような効果をもたらすということは、新宗教の教祖の語りの内容や語り方が信者に大きな影響を与えるということを示唆する。新宗教の教祖の説法、講和の類を数多く聞いた経験からして、長時間信者たちを話に惹きつけておく話術はきわめて重要な意味を持つと言わざるをえない。教祖の話だから聞くという側面もあると考えられる。しかしストーリーの内容、それが多くの人の情動に働きかける内容であることに注目すべきである。ここでのストーリーは多くの人が共鳴できるような内容であることがポイントになる。抽象化された教学的な言葉では共鳴作用を生じにくいと考えられる。大脳の辺縁系で生じているような人間の基本的感情をよびおこすようなものと考えられる。それは怒り、喜び、不安、やすらぎなどと関係している。端的に言えば生物としての存続の安全と危険に関わる事柄である。

新宗教がなぜ短期間に多くの信者を得たのかという疑問に対して、一つの可能性として考えられてきた答えは、新宗教の教祖の説く教えは日常生活に即した分かりやすいものであるからというものであった。分かりやすさが多くの人々を惹きつけたという説明である。新宗教の布教の現場を多く見てきた経験からすると、これが一つの要因であることは確かである。ただこの説明は、ときとして新宗教を宗教としては成熟していないものという見方を相伴うものであったことも確かである。分かりないということである。

やすさはけっして肯定的な意味でのみ用いられてきたわけではないということである。

しかし、共鳴の能力などを導入すると、この分かりやすいストーリーという視点は非常に重要になってくる。これは新宗教の教祖に限らず、従来の研究でカリスマの典型とされてきたイエス・キリストやブッダについても当てはまることである。新約聖書に残されたイエスの人々への説法、また仏典から推測できるブッダの説法は、人間の基本的感情に関わるものが大半である。飢え、病、死、そうしたものは強い恐怖をもたらす。逆に苦しみを感じている人にとって、明日のやすらぎの約束は非常な安心をもたらす。

教祖はカリスマ性があったから教祖たりえたというような後付的な議論より、教祖が信者に向けて話した内容とその効果を脳認知系の研究で検討する方が、どのような発言と行為が多くの信者を生んだのかという議論が展開できることになる。人間はどのようなストーリーの話に共感しやすく、同調しやすいのかをよく認知していることが、教祖が教祖たりうる十分条件であるという仮説が出てくる。宗教が古代から続いている現象であり、現代社会においても新宗教のような形で新しい組織が形成されているという事実を前にするなら、古代も現代も同様に作動する認知のあり方という視点が重視される。そしてこの教祖に関わる議論は、次に述べる信者の入信プロセスの問題と密接にかかわってくる。

(2) 入信プロセス

新宗教研究では、入信過程の問題に多くの研究者が関心を抱いてきた。アンケート調査、面談調査、深層面談調査などの方法で、具体的に特定の教団を対象としたり、一般的な傾向を求めたりしてきた。そこではすでに認知科学的視点も導入されている。マートン（Robert K. Merton）の準拠集団論、グロックの（Charles Y. Glock）相対的剥奪理論、フェスティンガー（Leon Festinger）の認知的不協和理論、ゴフマン（Erving Goffman）のフレーム分析、バーガー（Peter L. Berger）の相互主観的世界の概念などは、脳認知系の研究に連結する視点が包摂されている。信者が自分を取り巻く社会環境をどう認知したか、ある問題を解決するためのフレームを誰から得て、それをどう踏まえたか、それが強い信念を形成するのはどうしてか。こうした問いへの対応として理解しなおすことができる。

（一人あるいは複数の）人物との関係が生じたことによって、それまでの生き方を変え、特定の宗教的信念を受け入れ、それが以後の行動にも強い影響を及ぼすようになる現象への関心が入信プロセスの研究であった。準拠集団論やそれを基盤にしている相対的剥奪理論に基づけば、ある宗教への入信は、その人物がどのような社会組織との関係において自分の状況を認知しているのかに強く影響される。入信とはその人物が社会関係を再配置する行為でもある。新宗教研究における入信理論では、「貧病争」が重視された時期がある。貧困や病気、人間関係から生じる苦しみなどから逃れたいという気持ちが、宗教に救いを求める大きな理由であるという理解である。これらの分析は、新宗教に多くの信者が形成される社会的背景を分析したり、あるいはその人の個人史から入信の理由を考えていく際に一定の説得力を有してきた。

では、脳認知系の研究を参照すると、どのような方向に議論が展開していくであろうか。第一に考慮すべきは意識の形成のプロセスについての最近の研究である。二〇世紀初頭にウィリアム・ジェイムズ（William James）は宗教的回心の理解に「識閾下の（サブリミナル）」意識の働きという見方を導入した。この閾値への着目は非常な慧眼である。神や聖霊を見た、あるいは声を聞いた。夢のお告げがあった。表現できない神秘体験をした。こうした宗教家の言説は主観的な経験として受け入れたとしても、果たして脳の中ではどんなことが起こっているのか。ジェイムズが『宗教的経験の諸相』の中で医学的唯物論と名付けたような立場に立てば、これらはすべて病理現象として理解されることになる。ジェイムズ自身はこの考えを乗り越えようとしたわけだが、医学的説明を放棄したわけではない。宗教的行為をすべて精神的な病で片づける立場を斥けたのであった。

ジェイムズは識閾下の意識があるとき突然にそれまでの意識にとって代わる現象を宗教的回心として理解した。無意識と意識のダイナミックな関係に気づいていたと言える。こうした捉え方は「聖者性」を獲得するような典型的な回心だけでなく、教祖の教えを聞いたり、新宗教の集会に出たりするうちに入信を決意するような一般の信者にも適用できる。

閾値という概念はニューロンの働きを理解する上できわめて重要である。そもそも個々のニューロンが受けた信号を次のニューロンに渡すかどうかには、閾値が関わっている。閾値は脳全体のメカニズムに関係している。当然意識の働きにもそれは関与する。コッホ（Christof Koch）など意識研究の最先端にいる研究者は、ある意識が生じるときには、“winner-take-all”（勝者総取りの）機構が作動しているとしている。典型的な宗教的回心においては、宗教的世界観を受け入れたことで突然人が変わったようになる。ジェイムズはこれを識閾下（サブリミナル）にあった無意識的な信念体系が、それまでの信念体系に突如として入れ替わる現象としてとらえた。この理解は、最近の意識の研究で明らかにされつつある意識形成のプロセスと基本的には同じような着眼をしていると言える。

3　脳科学・認知科学等と宗教研究

前述のとおり、国際的には認知宗教学という研究分野が形成されているが[12]、脳認知系の研究を参照すると、現代宗教の研究はどのような展望が可能であろうか。むろんこれは今後の課題であるが、とりわけ参照すべき研究動向はどういった分野であろうか。少なくとも次の三つは現代宗教研究に直接的に関わってくると考える。すなわちユニバーサル・ダーウィニズム、意識研究、そして記憶の研究である。

（1）ユニバーサル・ダーウィニズム

ユニバーサル・ダーウィニズムは、ダーウィンの進化論を生物学だけでなく、広く人文・社会系の研究にも応用していく考え方を指す。当然宗教研究も含まれることになる。この議論において注意しなくてはならないのは、ダーウィニズムは目的論的な考えではないということである。目的論とは獲物を捕らえるために足が速くなったとか、高いところにある果実を食べるために首が長くなったというような解釈である。そうではなくて、ある環境のもとで足が速い方が生き延びやすい場合があったとか、ある環境のもとで首が長い方が食を得られる割合が高かったので、足が速いもの、首が長いものが多くなったと解釈するのである。

したがって、ユニバーサル・ダーウィニズムの視点を宗教研究に適用する際にも、社会を統一するために宗教が生まれたとか、人々に良い行いをさせるために宗教が生まれたなどという方向では議論しない。整った宗教をもった社会の方が生き延びやすい傾向があるのかとか、信者に良い行いを勧める宗教の方が長く存続しやすいのかなどと考えるのである。この二つは似ているようで大きく異なる。その違いは社会を分裂されるような宗教や、人々を不幸にさせるような宗教の出現の理由を考えたときに分かりやすい。目的論的に考えると、そのような宗教が広がるはずはない、あるいは本来の宗教ではない、といった議論になる。しかしユニバーサル・ダーウィニズム的な発想に立つと、ある環境で社会を混乱に陥れるような宗教が一定期間存続しうる条件は何か、あるいはそれが生じたのはどういうニッチにおいてであったのかというふうに考えていくことになる。

ユニバーサル・ダーウィニズムでは遺伝子の他に、文化的遺伝子のようなものがしばしば想定される。これに関連する議論としては、進化的適応環境、ミーム学、二重相続理論、そして先に述べた二重過程理論などが挙げられる。進化的適応環境（EEA：Environment of Evolutionary Adaptation）はボールビイ（John Bowlby）らが唱えたもので、人間の行動形態を人間がアフリカに住んでいた頃の環境への適応と関連付けるものである。ミーム学（Memetics）はドーキンス（Richard Dawkins）によって広められた考えで、人間は遺伝子の乗り物であり、文化的遺伝子同士の影響に左右される存在であるという発想を持つ。二重相続理論はＤＩＴ（Dual Inheritance Theory）と略記されるが、ボイド（Robert Boyd）とリチャーソン（Peter J. Richarson）によって提唱された。人間を生物学的な進化と文化的な進化、両者の相互作用の産物として捉えていき、どちらかを優位に見ない。二重過程理論を唱えるスタノヴィッチ（Keith E. Stanovich）は、自動的に作用するＴＡＳＳ（The Autonomous

Set of Systems）と分析的システムによる作用との双方の関係と、それに従うしかない人間の思想や行動を論じる。人間が宗教というミームに操られる存在だとすると、それはロボットとどこが違うのかという話しになる。そうした哲学的な問題にも踏み込んでいる。[13]

これらに共通するのは、文化の理解に人間の内的環境、つまりその人の脳内に形成されているニューロンのネットワークの及ぼす影響を重視している点である。自然環境や社会的環境という外的環境とともに、内的環境は人間の思想行動を左右する。この観点に立つと、人間の宗教行動は非常に長い歴史的スパンから見直されることとなる。歴史的宗教といってもたかだか数千年前の成立であり、その間に人間の遺伝子はほとんど変わっていないという事実に着目するなら、宗教の存在理由やそれが示す特徴は、宗教史をたどることによって明らかにされる細かな差異とは別のパースペクティブをもたらすことになる。古代宗教と現代宗教とを同じ俎上に乗せて議論することがむしろ必要になってくる。

（2）意識と無意識

宗教意識の研究は、意識一般の研究と切り離しては行えない。意識の研究は脳科学におけるもっとも困難な研究である。チャルマーズ（David John Chalmers）が一九九四年の第一回ツーソン会議で「意識のハードプロブレム」に言及して以来、この言葉は心の研究における困難さをあらわすキイワードにもなっている。[14] 客観的な物質世界が主観的な精神世界とどのようにして結びついているかを、科学の言葉で説明することはできないという見解である。

ただ今日の両者の関係についての研究は飛躍的に発展しつつある。ニューロンとグリア細胞に関する研究はきわめて緻密になり、シナプス結合がどのようになされているかも分かってきた。それだけに意識を考える問題は途方もなく複雑になった。それでも意識の解明へのたえざる挑戦がなされている。

コッホはＤＮＡの二重螺旋構造の発見者の一人であるクリック（Francis H. C. Crick）とともに、意識がどうやって生じるのかを研究し、ＮＣＣ（Neural correlates of consciousness）という概念を提起し、一九九〇年代以降広く使われるようになった。[15] ＮＣＣとはある特定の意識内容を経験するのに十分な最小限の（minimally sufficient）神経細胞集団の活動、と定義される。つまりニューロンがいくつか集まることが意識の生じる最小限の条件と考えたわけである。今のところ、物理化学的な神経系の働きと、主観的な意識感覚とのあいだをうまくつなぐような科学的理論はないとしつつも、その架橋をあきらめていないのである。

ウィスコンシン大学のトノーニ（Giulio Tononi）によって提唱された「統合情報理論（Integrated Information Theory）」すなわちＩＩＴも注目されている。この理論が着目しているのは、意識経験の持つ膨大な情報量と、意識経験が常に統合されている点である。逆に言えば脳内の情報が統合されているかどうかが、意識があるかないかの分かれ目になる。

意識が形成されるメカニズムについて、こうした研究が進んでいるとすれば、宗教意識という問題もその研究動向を無視するわけにはいかない。目下のところ、宗教意識だけ特別の形成メカニズムをもつとする理由を提起できないからである。宗教意識が他の意識と異なることを示すときに、ジェイムズは聖者性という概念を提起した。これはある宗教体験の結果、特別な意識が生まれることに着目したものである。しかしこれはテキスト化された表現に基づいての再構成である。彼は手記的方法をとっていたからである。もし意識の変化を脳で起こる変化と関連づけるなら、テキスト化される以前の情動や行動に焦点を当てた研究が重要になる。ただしパーシンガー（Michael Persinger）が提起したようなゴッド・スポットという考えはあまり受け入れられていない。宗教に関わる事柄に、独特の脳のネットワークが見出せるかどうかは、基本的に意識そのものの研究に大きく依存していると言わざるをえない。

（3）記憶

ある人がずっと一つの宗教を信じていることや、ある人物を教祖として崇拝すること、あるいは同じ儀礼を繰り返すのは、その基盤となる記憶があるからである。記憶が失われれば、その人とその宗教との関わりも失われる。もはや以前のように祈らないし、礼拝の言葉も発しない。神や仏という概念も意味のないものとなる。他方、ある内容の記憶が世代を超えて伝達されていく現象もある。記憶をニューロンのネットワークとして捉える最近の研究は、現代においても古代の宗教的観念や儀礼が再生され続けているように見える現象について新しい見解をもたらす。

記憶をニューロンのネットワークとして捉える発想は、すでに二〇世紀初頭の記憶痕跡の研究に芽生えている。ドイツの進化生物学者シーモン（Richard Semon）は、記憶は脳内の特定のニューロン集団として符号化されて蓄えられると考えたのである。学習によって活性化した一群のニューロンが脳の中に痕跡として存在するということである。この系統に関する研究に、一九四〇年代後半にカナダの心理学者ヘッブ（Donald O. Hebb）のセルアセンブリ（細胞集成体）という考えがある。脳内、主として大脳皮質内において単一の知覚・記憶対象の表現に関与する機能的な細胞の集団と定義される。記憶が一定のニューロンの結合によって維持されるという考えが、実験によって支持されるようになるのは、二〇世紀末になってからである。記憶は動画のフィルムのように蓄積されているわけではなく、ニューロン同士のネットワークの定着と組み替えとして理解すべきという考えになってきた。これはアンサンブル・コーディングと呼ばれる。二一世紀に入ると、マウスの実験によって、ある恐怖を体験したマウスの脳で活性化された扁桃体ニューロンが、その恐怖を想起したときにも再活性化されることが分かった。扁桃体は情動機能に非常に重要な役割を担っていることで知られている。どれくらいのニューロンが再活性化するかは、想起された記憶の強さと相関関係があることも示された。

記憶には、覚える、保持する、想起するという三つのプロセスがある。コンピュータでは、データがエンコードされ、貯蔵され、検索される。三つのプロセスがあるという点では人間の記憶とパラレルである。しかしまったく同じというわけではない。人間は一度に大量の記憶はできない。また覚えたことを忘れる。また覚えていた内容が変わってしまう。しかしそれゆえに逆にコンピュータにはない創造性、創発性が生まれうる。

人間の文化活動も記憶によっている。現代では学術研究は記憶の多くをアウトソーシングできるようになった。テキスト、画像、音声、動画等々は、手書きで、印刷物で、あるいはデジタル化して保存したものに頼っている。しかし日々の思考や行動の多くは脳内にある自らの記憶に依存している。それがどのような特性をもっているかの研究は、宗教現象を理解する上でもきわめて重要である。

世界宗教と呼ばれている、仏教、キリスト教、イスラームにはテキスト化された教典がある。それがアウトソーシングされた記憶媒体により千年あるいは二千年以上、大きな変形を免れて保存されている。翻訳されることで一部異なったエンコードにならざるをえないが、中心的概念やストーリーは一定程度は保持されていると考えられる。そうした外部記憶装置の力を借りた概念や教えを現代人の脳が再びエンコードしているわけである。

儀礼は教典ではなく、実際の行為を通して記憶に定着する。現代の神社に伝わっている儀礼の中には口伝というものがある。個々の口伝がどの程度複雑なものかは、口伝に関与しない人間は分からない。教典のようにアクセスがオープンでないので、変形が起こっても確認しづらい。いつ変形したのか、どう変形したのか、なぜ変形したのかを知るすべが限られているからである。

しかし口伝を含めて現代に継承されている宗教的観念や儀礼は人間の記憶回路を経て継承されている。あるモノや行為がそれについての意味づけとともに記憶されている。だがその記憶内容をコントロールするのは何であろうか。二〇一二年、利根川進のグループは、オプトジェネティックス（光遺伝学）法を用いて、特定のニューロン群の活性を制御することで記憶痕跡の物理的存在を示した。[16] 長期増強（long-term potentiation）現象の仕組みも次第に分かってきた。[17] 一度形成された宗教的信念がなかなか壊れないのも、これによって説明がつきそうである。新宗教の入信理論とも関連するが、カルト問題と呼ばれる研究領域がある。ここでは特別な技法によって、人にある信念を植え付ける特別なやり方があるのではと議論されている。洗脳やマインドコントロールといった視点から論じられることもある。ところがこの最近の記憶の研究は、洗脳などとして議論されている事柄が、記憶痕跡の変更のメカニズムという、より一般的な現象の一環に組み込まれる可能性を示唆している。

心理学者のショウ（Julia Shaw）は『脳はなぜ都合よく記憶するのか』の中で、過誤記憶について分かりやすく解説している[18]。記憶の書き変えが人の脳の中でいとも簡単に起こっているとすれば、宗教組織が共通のストーリーを築き、それを信者が真実と思うようになっていくプロセスも特殊な事例でなくなる。集団が同じストーリーを共有する現象は共同幻想などという言い方をされたことがあるが、記憶の書き変えの結果として理解した方が分かりやすい。たとえ部外者から幻想のように思えたとしても、信者にとっては過誤記憶であろうと、書き変えられた記憶であろうと、真実の記憶として作用している。むろん同様のことは宗教だけに当てはまるものではなく、文化現象に広くあてはめうる。

むすび

脳認知系の研究を参照すると、現代宗教の研究に新しい地平が開ける可能性が高いことを論じた。そこから敷衍されることの一つは、宗教は特別な現象であるから、特別な研究方法によらなければ十分な理解が得られないという前提は大きく揺らぐということである。神観念とか神秘体験とか、他界観念とか、宗教現象には他にはあまり見いだされない特徴的なものがいくつかある。したがって宗教史研究が独自の研究領域となったのは当然であろう。しかし歴史的に、また現代世界において展開している宗教現象（宗教的行為、宗教的感情、宗教的出来事など）についての研究が、特別な研究方法に依存する理由は見出し難い。

脳認知系の研究はすでに宗教を対象にしてなされてきた実証的研究と齟齬するものではないが、宗教についての新しい研究方法の可能性を提示する結果になっている。宗教研究者が独自の領域として設定してきた分野は、どういう意味において独自であったのか。それは他の領域の研究と比べてどのような特別な視点を必要とするかを、新しい視点のもとに考え直すことが求められよう。宗教現象が他の現象とは異なる独自の領域をもつということから出発する根拠はなかなか見出し難いので、宗教現象の研究には他の領域の研究にはない方法があるのではないかという議論は、脳認知系の研究を参照した後になされてしかるべきと考えている。

注

（1）ＢＲＡＩＮはBrain Research through Advancing Innovative Neuro-technologies の頭文字である。

（2）宗教研究の分野でも脳認知系の研究への関心を示した書籍等はすでに二〇一〇年代に刊行されている。芦名定道他編『脳科学は宗教を解明できるか――脳科学が迫る宗教体験の謎』春秋社、二〇一二年、芦名定道「脳神経科学と宗教研究ネットワークの行方」（國學院大學日本文化研究所編『21世紀の宗教研究』平凡社、二〇一四年）などを参照。

（3）たとえば、笹生衛「日本における古代祭祀研究と沖ノ島祭祀――主に祭祀遺跡研究の流れと沖ノ島祭祀遺跡の関係から」（『「宗像・沖ノ島と関連遺産群」研究報告Ⅱ-1』所収、二〇一二年）を参照。

（4）Justin L. Barrett. *Why Would Anyone Believe in God?*, Altamira Pr. 2004.

（5）環境がもつアフォーダンスという視点や、非省察的信念というような議論は、二一世紀になった日本において突如広まりを見せたパワースポットブームなどの問題などにも適用できると考えている。

（6）認知科学の研究者でも、ＨＡＤＤなどを超自然的存在を生み出す理由とすることを批判する人もいる。たとえばリスドルフ（Anders Lisdorf）は動物にもＨＡＤＤはあるとする。もしそうだとすれば、超自然的存在が生み出されるには、別の要因も関係している可能性を検討しなければならない。

（7）Stewart Guthrie, *Faces in the Clouds: A New Theory of Religion*. Oxford University Press (Paperback edition), 1993, 1995.

（8）発題の内容は、スチュアート・Ｅ・ガスリー「神仏はなぜ人のかたちをしているのか」（國學院大學日本文化研究所編『〈日本文化〉はどこにあるか』春秋社、二〇一六年）を参照。

（9）日常的なタブーも宗教的戒律と連続してみるべき点については、拙著『世界の宗教は何を世界の宗教は人間に何を禁じてきたか』（河出書房新社、二〇一六年）を参照。

（10）新宗教についての初めての総合事典である『新宗教事典』（弘文堂、一九九〇年）では、新宗教研究のテーマを次の八つに分けている。発生と展開、教祖、教団、教えと思想、実践、施設、新宗教と社会、新宗教と異文化。

（11）彼の見解はウェブ上で公開されているＴＥＤという番組で分かる。下記のＵＲＬを参照。https://www.youtube.com/watch?v=FDhlOovaGrI

（12）国際認知宗教学会（IACSR: International Association for the Cognitive Science of Religion）が設立された四年後に、カナダのトロントで行われた第二〇回ＩＡＨＲ大会には、プレナリーセッションを始め多くの部会で認知宗教学関連の講演と発表があった。二〇一五年、ドイツのエアフルトで開催された第二一回大会でも同様であった。

（13）Keith E. Stanovich. *The Robot's Rebellion: Finding Meaning in the Age of Darwin*, 2004（邦訳はキース・Ｅ・スタノヴィッチ『心は遺伝子の論理で決まるのか――二重過程モデルでみるヒトの合理性』みすず書房、二〇〇八年）を参照。

（14）アリゾナ州のツーソンで開催されたので、こう呼ばれる。正式名称はToward a Science of Consciousness（ＴＳＣ）である。二〇一六年以降はThe science of Consciousness と呼ばれるようになった。

（15）クリストフ・コッホ『意識をめぐる冒険』岩波書店、二〇一四年（Christof Koch, *Consciousness: Confessions of a Romantic Redictionist*, The MIT Press, 2012）を参照。

(16) この技術では動物の記憶のON・OFFが操作可能とされているので、人に応用すると重大な倫理的問題が生じることになる。

(17) 長期増強とは神経細胞間の信号伝達が持続的に向上する現象を指す。学習と記憶にとってきわめて重要なメカニズムとされている。

(18) ジュリア・ショウ『脳はなぜ都合よく記憶するのか』講談社、二〇一六年。原著は Julia Shaw, *The Memory Illusion: Remembering, Forgetting, and Science of False Memory*, London, DGA Ltd., 2016.

親鸞における「臨終来迎」

内記　洸

はじめに

一般に、仏の国である浄土に生まれるに際して、この世の命が尽きるまさにその瞬間に仏や菩薩が目の前に現れ、浄土へと導いてくれる、という教説を「臨終来迎」と言う。浄土の諸経典に描写されるこの表現を主題とするに先立って、まずはこの表現が浄土教の教理と分かち難く結びついたものであることを認めないわけにはいかないだろう。正しくこの浄土教という名称が示すように、浄土教がその仏説としての最も端的な具体性を「浄土」として掲げ、そこに一つの世界の転換を提起するものである限りで、臨終時に来迎を受けるという具体的な往生の様は間違いなく一定の説得力をもっている。我々が現在生きているこの世界を煩悩で穢れた「穢土」として、そこから清浄なる仏国土への転換が我々の肉体的な「死」の一点に求められたとして、それは特別不自然なことではない。それどころか世界の転換という関心にとって、「死後の世界」とは我々にとって間違いなく最もイメージしやすい、極めて具体的な表象の一つである。

とは言え、このことから直ちに、臨終来迎の教説が浄土教そのものの本質を成していると見なされるわけではない。というのも、肉体的な死において往生を遂げるという了解は経典に多々見られる具体的描写をその表現のままに受けとったものであって、そこで浄土教の宗教的主題であるこの「往生」が何であるかについてはまったく顧みられていないからである。この点については、往生というこの転換の表現を仏教としての宗教的な本来性に返すことではっきりするだろう。宗教的転換の問題として、「浄土への往生」という浄土教の主題は、それが仏教である限りで仏教の根本関心、つまり生死の迷いを超え出て仏に成る（成仏）という課題と当然重なり合うものでなければならない。しかし、苦からの解脱や涅槃の智慧の獲得と言われるこの根本的な転換の普遍性に対して、「臨終における仏菩薩の来迎」という描写はあまりに具体的で特殊である。この教説に対しては、その了解のしやすさとは別に、宗教的課題に対する必然的な関係性が確認されねばならない。

この意味で「臨終来迎」という具体的な描写を考察の主題とする場合、当の教説そのものをどこから問うのかについて吟味が必要である。極めて具体的で特徴的なこの教説について、それを浄土教の教義の内部に限定して問うのか、それとも仏教本来の主題に返すのか、あるいは思想一般の普遍性へと解体していくのか。その問いの角度や深度に応じて、この教説の具体的な描写が思想の全体に対して指し示す内容はまったく違ったものとなろう。事実、以下見ていくように、親鸞におけるこの教説についての解釈は屈折しており、その表現についての了解には大きな幅がある。したがってこの教説に対する問いは、とりわけ親鸞においては単に当の教説の内容についての問いではなく、この教説の位置をめぐる問いであることになる。

1　救済の普遍性への遡行

（1）臨終来迎に対する基本的態度

親鸞における「臨終来迎」を問題にするにあたって、その最初の手がかりは主著『教行信証』の、いわゆる「化身土巻」に求められる。この点に異論をさしはさむ人はいないであろう。直接「臨終来迎」という言葉が置かれるわけではないが、親鸞は「化身土巻」冒頭に『無量寿経』の第十九願文を引用し、それを「臨終現前」、「現前導生」、「来迎引接」などと名づけている。『教行信証』全六巻において、各巻は基本的にその冒頭に『無量寿経』の本願文を掲げ、各々の主題を代表させているから、親鸞においてこの「臨終来迎」の問題が第一に「化身土巻」に位置づけられる点は疑いない。しかもこのことは、単に六巻で構成される『教行信証』のうちの一巻にこの問題が相当するというだけの意味にとどまらない。『教行信証』の正式名である『顕浄土真実教行証文類』にしたがって、「浄土の真実を顕かにする」（顕浄土真実）ことを表題に掲げる前五巻に対し、最後の第六巻「化身土巻」は「浄土の方便を顕かにする」（顕浄土方便）唯一の巻であるから、「化身土巻」冒頭に位置づけられるこの「臨終来迎」の教説は『教行信証』全体の最も基礎的な構造である「真実」と「方便」（真実を明かす手立て）との厳密な区分に直接関わっている。この意味でこの教説は親鸞において、真実に対する方便の問題への導入として、その思想全体の構造に対して一つの明確な役割を担うものだと言えよう。当の本願文は以下のように表現される。

『大経』の願に言わく、設い我、仏を得たらんに、十方の衆生、菩提心を発し、もろもろの功徳を修し、心を至し発願して、我が国に生まれんと欲わん。寿終の時に臨んで仮令大衆と囲遶して、その人の前に現ぜずは、正覚を取らじ、と。(一 - 二七〇)

命終に際して、阿弥陀仏自身が他の諸菩薩とともにその人の前に必ず現れようと誓う、この臨終来迎の教説を、親鸞は直接真実と結びつけない。その方便としての位置については手紙等の中でもたびたび言及されるが、具体的には次のようにおよそ肯定的なものではない。「まことに尋常のときより信なからん人は、ひごろの称念の功によりて最後臨終のとき、はじめて善智識のすすめにおうて、信心をえんとき、願力摂して往生をうるものもあるべしとなり。臨終の来迎をまつものは、いまだ信心をえぬものなれば、臨終をこころにかけてなげくなり」(三 - 和文 - 九六)。「来迎は諸行往生にあり。自力の行者なるがゆえに。臨終ということは、諸行往生のひとにいうべし。いまだ真実の信心をえざるがゆえなり。〔……〕真実信心の行人は、摂取不捨のゆえに、正定聚のくらいに住す。このゆえに臨終まつことなし、来迎たのむことなし」(三 - 書簡 - 五九―六〇)。

しかし今、こうした文言において注意したいのはこの教説に対する親鸞の態度の単なる否定性ではない。というのも、臨終来迎に対するこうした否定的態度は親鸞による積極的な否定であるというより、この教説そのものに対する根本的な消極性を明かしていると思われるからである。そのことは例えば、先の引用のうち、前者の特異な解釈のあり方から確認できよう。この文は善導の文を親鸞が引き、それに解釈を施したものであるが、そもそも元の善導の文には「命欲終時　願力摂得往生」と臨終の一点があくまで明記されており、したがってこの文でもって逆に「臨終来迎」を否定するにはかなりの力業が要求される。とは言え、周知のように親鸞は一般に経、論、釈からの引用に際して元の漢文を一部省略したり、通例の読み下し方を変更することでその文の趣旨を読み替え、それによってテキストそのものから独自の積極的な解釈を導くのが常であって、そうした解釈自体が不可能なわけではない。しかし、にもかかわらず親鸞はここで語句の省略も語義の積極的な転換も行っていない。「命欲終時」は「来迎」の問題と結びつけられて元の善導の文、および解釈文の中にただ残されているのであって、ここからこの「臨終」の語に対する親鸞の積極的な意図は何も読みとれない。誰もが気づくように、臨終来迎について親鸞が触れるとき、そこで主題化されているのは常に「信心をうること」であって、当の「臨終」は、死という特定の一時点に対する我々の執着を示すものとして「尋常のとき」との比較のもとに退けられる、相対的な規定の一つにすぎない。解釈上の肯定、否定に先立って、ほかならぬ「臨終」の問題を示す（と一般に見なされるべき）文章中においてなお、「臨終」は親鸞にとって積極的に語られるべき主題ではないのである。[1]

臨終来迎の教説それ自体についてのこうした相対的で消極的な位置づけには、むしろ、親鸞における宗教的関心のありかが実によく表れていよう。そもそも、浄土教における基本的で一般的な関心として、臨終に懸けられた宗教的救済の期待を除くことはできない。浄土への往生という主題が我々において、直接にはまず「ここではない別の場所」への新たな生として、死後の別世界への再生というかたちで受け取られるものであることは、何より諸経典における種々の描写が示すとおりである。にもかかわらず、臨終という、言わば浄土教にとって一般に最も重視されてしかるべき「死」の一点が顧みられないということは、親鸞にとって臨終に仏菩薩が来迎するというこの教説が、その表現そのままの受け取りのもとでは浄土教の救いの問題に直接関与しないということを明かしていよう。換言すれば、親鸞の言葉に散見される臨終来迎の教説への付言（否定）は、浄土教へのこの常識的かつ支配的であった一般的関心を具体的な場所として、その関心に対してなされたものであって、それ以上のことを意味しない。実際、親鸞は相対的な諸条件を絶対的超越の問題に還元してしまうような我々の執着全体を否定しているのであって、臨終とはそれらを代表する一つの典型にすぎない。[2] この表象はさしあたり、親鸞の思想そのもの、とりわけその宗教的関心に直接結びつかない非本来的な事柄だと言わねばならない。

(2) 来迎に受け取り直される積極性

原典解釈の立場からもまた、浄土思想の全体と比較して、臨終来迎の教説にはそれ特有の関心が表れていると言われる。[3] そもそも、浄土に生まれるという浄土教の主題には転換した当の世界において仏と出会う（見仏）という内容が含まれている。臨終来迎の教説も当然、浄土教として仏との出会いを転換後の世界（死後の世界）に見込んでいるが、しかしこの教説自体の関心の焦点は直接には死後にではなく死に臨んだ現在に結ばれている。臨終に仏との正しい関係に立ち（臨終正念）、死の床で間違いなく仏菩薩からの来迎を受ける（来迎引接）とは、間違いなくこの世界における規定であって、これは浄土での見仏を求める浄土教本来のありようとは明らかに一線を画している。この分析は教説の描写そのままに、死を基点とした時間の前後関係においてその特異性を説明したものであるが、今、この時間的に前後した関心のズレを往生という転換の本質をめぐる関心のズレとして了解することは可能であろう。つまり見仏の関心が往生以前に前倒しされていたのと同様、臨終来迎の教説に表れている直接的な関心は、いまだ「この世界」にあって「浄土」にはなく、往生という転換の主題そのものには触れていない。

さて、このようにいくら浄土教の宗教的主題に直接関与しないからと言って、この教説は直ちにその思想全体から排除されるべき性格のものではなかった。それならば当然、この教説は浄土教の宗教的本質に照らして、その全体の中に再び位置づけ直されねばならないことになる。事実、親鸞においてこの教説は単に「方便」のみを指し示すものではない。「仏菩薩が臨終に来迎する」趣旨の文は実際には「化身土巻」以外の箇所、つまり方便ではなく真実を明かす巻中に引用されており、これは思想の構造上、親鸞が明らかにこの教説をその思想全体のもとに積極的に受け止め直していることを意味しよう。真実の行を明かす「行巻」では、親鸞の先の解釈に見た善導の文を始め、「臨終」や「死」の一点に言及する引用が多々見出される。例えば、同じく善導からの引用の中に次のようにあるとおりである。「『弥陀経』に云うがごとし、「もし衆生ありて、阿弥陀仏を説くを聞きて、すなわち名号を執持すべし。もしは一日、もしは二日、乃至七日、一心に仏を称して乱れざれ。命終わらんとする時、阿弥陀仏、もろもろの聖衆と、現じてその前にましまさん。この人終わらん時、心顚倒せず、すなわちかの国に往生を得ん。〔……〕」」(一‐四五―四六)。

まず、明らかに臨終の来迎を描写するこの文がこのように「化身土巻」ではなく真実を顕す巻に示されていて誤りでないのは、ここでの引用全体が「命終わらんとする時」という時の限定にまったく特別な意味を与えないからである。前節で見た親鸞の解釈のとおり、ここで「臨終」という時の一点は現在的な「尋常」の時全般の中の一時点として相対化され、量的に引き延ばされた時間の最後の一点というだけの内実しかもたない。同様の語を親鸞は別の箇所で「いのちおわらんときまで」と読み下しているが(三‐和文‐一二五、他)、そのように臨終はここで、「行住坐臥、一切時処、もしは昼、もしは夜を問わず、常に」(一‐四五)と言われる個々の具体的な一時点の内の、「臨終も」でしかない。

そうであるならば、真実の行を明かす巻中にあって、この教説について今改めて主題化されるべきは「臨終」ではなく「来迎」だということになろう。もちろん、前出の臨終と同様、真実行の内実として引用されるこの「来迎」はすでに、紫雲に乗った仏菩薩が天から我々の前にありありと現れる、といった教説の具体的描写を現実にそのまま繰り返すものではありえない。この問題を仮に、誰が、いつ、どこで、仏や菩薩を見たのか見ていないのか、という日常的な経験の次元での(特殊ではあっても単なる一つの)出来事に還元してしまうならば、臨終という時節の限定同様、それがどれだけ絶対的救済を志向するものだと主張されようと、相対的な世界での相対的な優劣の判断基準にとどまってしまう。したがって絶対的な宗教的転換が求められるこの文脈で、この「来迎」についての解釈として期待されるのはいかなる例外的な特殊性でもなく、そうした規定の一切が相対的なものとしてそのうちに包まれるような普遍性である。「行巻」において、先の文を含む善導からの引用全体が「現世において得られる功徳、利益」を説く釈文として、「常に無数の諸仏諸菩薩が念仏者を護って離れない」ことを趣旨とするように、「来迎」という表現に込められたリアリティは、その直接的表象が指し示す個別的な具体性を破って、現実における一つの普遍性を開示するものでなければならない。

この点に関して、親鸞は「来迎」の語に独特の意味を読み込んでいる。[4]

> 来迎というは、来は浄土へきたらしむという。これすなわち若不生者のちかいをあらわす御のりなり。穢土をすてて、真実報土にきたらしむとなり。すなわち他力をあらわす御ことなり。また来はかえるという。かえるというは、願海にいりぬるによりて、かならず大涅槃にいたるを、法性のみやこへかえるともうすなり。法性のみやこというは、法身ともうす如来の、さとりを自然にひらくときを、みやこへかえるというなり。（三・和文・一五九―一六〇）

言うまでもなく「来迎」とは、仏菩薩が我々のこの世界へと来たり、浄土へと迎えてくれることである。にもかかわらず、親鸞はここで、「来」の字が指し示す方向性を「我々を浄土へと来らせる」ことへと逆転させている。「若不生者のちかい[5]」や「すなわち他力をあらわす」といった言葉が示すように、親鸞が「来迎」という一語から受け取った意味は明瞭であろう。親鸞において、来迎の第一義は仏や菩薩が浄土からこの世界へと来たることではなく、我々を浄土へと来らせる、阿弥陀の救済のはたらきが示されてあることの現在性にほかならない。何者かがこの世界に来迎するという具体的事実性はここで、念仏者が浄土へと往生することの事実性へと還元されている。[6]

より厳密に言うならば、これは「来る」という言葉が発せられる場が我々の常識的一般的な地平から浄土という超越的な地平へと反転し、それによって「来迎」という言葉の解釈もまた、浄土を中心に、そこへと集約する仕方でなされていることを意味する。「来」がまた、さらに「かえる」と読まれるように、「ここへ」と方向づけられたその浄土とは「今はいないが本来そこへと帰らねばならないところ」、つまり発出点でありかつ帰着点であるような唯一の始源でなければならない。このことは、この「来迎」という言葉に示される動性が並列的な二つの地点を双方向的に行き来する往復運動ではないことを表していよう。両地点の間の異質性がいかに強調されようと、それは対象的な二つの地点の強調ではない。そうではなく、超越的な中心が自らを示し、かつ自らに帰るという自律的な回帰運動が「来」を「きたらしむ」や「かえる」と読ませているのであり、その意味で浄土以前の、根本的な転換以前のこの世的な関心を表していた臨終来迎がここで浄土の問題として、つまり往生という転換との本質的連関のもと、一つの超越的な関係の内側に包み込まれていることになる。[7]

ただし、この関係の中心を成す、帰るべき一点がここで「浄土」と呼ばれていない点は重要である。引用が示すように、この「かえる」は浄土への「かえる」ではなく「法性のみやこへかえる」であって、それはすなわち「かならず大涅槃にいたる」こと、「法身ともうす如来の、さとりを自然にひらく」こととして、浄土そのものではなく、成仏という仏教本来の課題に直接照準を合わせている。これはつまり、浄土への往生という特定の方向性を語りながら、その方向が指し示す焦点が「阿弥陀」や「浄土」という諸表象を貫いて、それすら超越した「彼方」に置かれていることを意味する。[8]したがって臨終来迎が収まるところのこの関係は、浄土教に描写される諸々の表象において示されつつも、それら表象の限定の内にとどまっていない。「浄土へ往生する」という浄土教にとっての第一命題は、ただそれ自身を語るのではなく、それ自身を語ることにおいて成仏そのものへの普遍的な開けを語っている。

したがって「来迎」とはここで、「何者かが我々のこの世界に来る」こととしてこの世界内部での特別な出来事を語るものでないのはもちろん、「我々があちらへと行く」こととして浄土という超越的な場所への単純な移行を示すものでもない。これらはいずれも——特に後者は一つの世界転換を主張するものではあるが——自らが転ずべき「浄土」をこの世界のうちですでに先取りしてしまっており、そこに超越本来の開けがない（その意味で「この世界」に対する相対的な超越にすぎない）。これに対して、「来」が指し示す「大涅槃」の一点は、一点と言っても「いろも」「かたちも」なく「こころも」「ことばも」及ばず（三・和文・二〇二）、また無数の名でもって呼ばれると言われるように（同）、その「自体」が常に我々の手から逃れ去るところの一点である。自体的な何ものでもないこの一点は、諸仏諸菩薩がこの世界へと現前するとか我々を浄土に誘引するといった具体的な表現によって、自らをその表現の背後にそのつど指し示すのみである。言うなれば「来」とは、「浄土」という表象を基点に穢土から浄土へ、浄土から穢土へと、相異なった二つの超越的な方向性を一つの運動として語る、涅槃自身の自らへの志向性のことだと言えよう。

だとすればここで第一に確認されるべきは、現実に様々に知覚される具体的諸相の如何、つまり浄土と穢土を往来すると言われる仏や菩薩、あるいはそこに重ね合わせられる我々自身の具体的な姿ではない。「浄土」を含め、親鸞において臨終来迎の教説はいかなる対象それ自体を語るものでもなく、あくまでそうした表象全体を超越的な場から成り立たせている、一つの運動を語るのである。それ単独で取り出された相対的な経験の一々とは違った仕方で、しかし経験としての確かなリアリティを伴ったものとして、この「臨終来迎」の教説は親鸞にとって一つの普遍性の現れであったと考えられる。[9]

2　来迎への還帰

（1）仏身そのものにおける関係性

しかし、ここで当然、次のような問いが浮かんでくるだろう。すなわち、「来迎」の教説が極めて具体的に描写していた当のもの、つまり「諸仏や諸菩薩がこちらに来たる」と言われるときの、この「仏や菩薩」とは何であるのか、という問いである。「来」の字の解釈は「何がこちらに来るのか、来ないのか」という常識的な了解を転じ、また超越的な場所に向けられた我々の一般的な願望を覆し、「浄土」や「阿弥陀」という浄土教の核となる表象すら貫いて「涅槃そのもの」を焦点とした運動を指し示すものであったわけであるから、ここで現れると言われる無数の「仏」や「菩薩」は経典に描写される固有の存在者をそのまま強調するものではない。しかし、だからと言ってこれらの諸表象を無内容な、単なる形式にすぎないものと見なすなら、具体的諸表象によって物語的に仏説を展開する浄土教は自己撞着に陥ってしまう。「化身土巻」ではなく「行巻」において、方便ではなく真実を明かす具体的内容として、現れると言われる「それ」がほかならぬ「仏」や「菩薩」であることの必然性は一体どのように受け取られるべきであろうか。

この点に関しては、例えば仏教の伝統的な教義の一つである、いわゆる「仏身」についての親鸞の了解に手がかりを求めることができる。

> 諸仏菩薩に二種の法身あり。一つには法性法身、二つには方便法身なり。法性法身に由って方便法身を生ず。方便法身に由って法性法身を出だす。この二つの法身は、異にして分かつべからず。一にして同じかるべからず。（一-二一〇）

「仏」や「菩薩」といった言葉は普通、固有の存在者を指している。したがって一般的にそれらは単独の「何者か」として規定される。にもかかわらず親鸞はこれらを純粋な客体そのものとしては問うておらず、二種の法身の相互関係として受け取っている。言うなればこれは、仏や菩薩への問いが単一の存在者についての「何」ではなく、相異なった二つの事柄の関わり方の「いかん」において成り立つものであることを明かしていよう。

「法性」（かたちなき実相）と「方便」（実相を示すかたち）との対比が示すように、相互に関わり合うこの両者は、第一に、単に相手と異なるのではなく、根本的に矛盾し合っている。しかもこの矛盾は「かたち」と「かたちなさ」との対比として、「法身」と呼ばれる当の表象そのものを超越した、我々の対象的認識の彼方で起きている対立であるから、我々はこの関係をこちらから語ることはできない。したがって例えば、「弥陀如来は如より来生して、報・応・化種種の身を示し現したまうなり」（一 - 一九五）と言われるように、それは超越的な仏の智慧そのものを基点として表現されることになる。[10] 我々にとって両者の関係はどこまでも矛盾であって、一方を他方に包摂したり、両者を一つに統合したりすることはできない。[11]

しかし第二に、この両者はそもそも初めから一つの関係として語られているのであって、相互に引き離してしまうことはできない。この関係において、両者は相互に他方によって規定されており、いずれもそれ自体として単独に存在するわけではない。したがってこれは、自体的な存在者同士の相互的な結びつきによって成り立つ二次的な関係ではない。表象そのままの具体的な「仏」や「菩薩」がそのままにあるというのでも、そうした諸表象の背後にかたちを超えた超越的な本質としての「如」を見出そうというのでもなく、両者は初めから一つの関わり合いのもとで存在している。このことは親鸞が「阿弥陀」や「浄土」について伝統的な用語でもって定義する際、かたちなき真如としての「法身」や現前する具体的な「応化身」ではなく、菩薩としての願が成就し、その報いとして成り立つ「報仏・報土」を強調している点に明らかであろう。これは仏身についての優劣や先後を決定するものではなく、そもそもこうした相矛盾した関わり合いのもとでしか「仏身」を表現することはできない。この関係においては、当の関係そのものが関係し合う両者に本質的に先立っており、両者はこの関係のもとで同時に規定されている。

したがって親鸞において仏身とは、その言葉から一般に想定されるあり方を超えて、当の表象そのものを破るような根本的な奥行きを指し示す何ものか、「そこ」から「それ」が生じ「それ」によって「そこ」が明かされるような――しかもその相互的な展開がそれぞれ超越的な転換であるような――一つの矛盾した関係を明かす何ものかである。だとすればこれは、前節の「臨終来迎」理解から導き出された結論とまったく同一であろう。来迎とは親鸞にとって個別の存在者の移行や変質ではなく、それらの存在者をその始まりから包むような、かたちなき涅槃を焦点とした一つの超越的な運動であった。ここにおいて、作用としての「来迎」とその主体としての「仏菩薩」とは、ともにただ一つのことを指し示している。この二つの表象は偶然結びつけられた（その意味で本来別個な）二つの事柄ではなく、一つの超越的な関係を描き出す二つの異なった表現にほかならない。「来迎」が回帰的な運動によって超越的な転換の原理そのものを表現するとすれば、「仏菩薩」という表象はその原理が我々に現に示されるところの具体的な受け取りの場所を提示していると言えよう。[12] したがって、来迎するところの仏菩薩とは何か、という本節の問いが純粋な客体そのものの具体性に向かわないのは当然である。それはあくまでこの関係が我々に示される限りでの具体性の問題、つまり「仏菩薩」という表象によって具体的に指し示される個々のリアリティの所在を問うものであることになる。

（2）仏身に指し示される具体性

以上のように、仏菩薩の来迎という表現から超越的な転換の原理が浮かび上がるとき、仏や菩薩として表現される当の表象はその表象としての具体性を喪失していくように見えて、実際には新たな具体性をまったく質の異なったかたちで獲得している。それはただ単独の存在者として具体的なのではなくて、かたちとかたちなさとの矛盾した運動の展開のもと、超越への指し示しがなされる「そこ」として具体的である。そもそも転換の原理がかたちに対する直接的把握の否定とかたちなき涅槃への志向性として開示された点からすれば、この超越の問題はむしろ我々に対して極めて具体的に示されねばならない。前節の関係構造に即して言うなら、かたちなき涅槃を焦点とした涅槃それ自身への指し示しは、同時にそれを指し示すかたちの提示である。一つの矛盾した関係が浮き彫りにされるとき、そこで関わり合う両者も矛盾的に際立たせられる。この意味で、かたちなき涅槃への遡行はそのままかたちへの還帰だと言えよう[13]。

この具体性の相違については、「化身土巻」において、「見る」ことの矛盾として表現されている。「化身土巻」に示される方便としての臨終来迎の了解は、死の間際にまさに仏菩薩の姿を眼前にありありと見ることであった。しかし同時に、臨終のこの言葉通りの来迎に期待をかけ、現前した仏菩薩の導きによって往生しようとする者は真実の浄土ではなく方便の浄土に生まれ、そこにおいて仏、法、僧という仏教徒が出会うべき基本的な三宝を見ない、と言われる（一・二七二）。「見る」についてのこの矛盾をそのまま真実に逆転させるなら、真実の往生者は「臨終来迎」の教説そのままの仕方では決して仏を見ないが、そのことにおいて〔それにもかかわらず〕確かに仏を見ることになる。第一節（2）で確認したように、見仏をめぐるこの矛盾は、この見がどこにおいてなされているかについての相違を表していよう。仏との出会いの具体性は、この世界ではなく浄土に、対象的関心の延長線上ではなくその宗教的な意味での翻りに求められねばならない。親鸞が意図するところの「見る」（三宝を見る）が対象的な存在者としての仏菩薩ではなく、直接にはそれらを背後から成り立たせている超越的な関係の場を志向していることはすでに再三確認されたが[14]、しかしそこにこそ「仏菩薩」と表現されねばならないような極めて具体的なリアリティが存しているのである。我々の側からの対象的な把握を無限にはねのける、かたちなき涅槃への遡行は、涅槃そのものから顕現するかたちの明確な指し示しとして我々に具体的である。涅槃そのものを背負うことにおいて、初めてそれは我々にとって「仏」や「菩薩」と呼ばれねばならないような何者かなのである。

この問題を逆に仏菩薩の側から言うと、現れる仏菩薩とは具体的に何であるかという問いは、我々が現に出会ったその人が仏菩薩であるとはどういうことかということ、つまり仏菩薩がそのようにして我々の前に示されてあることの意味の具体性へと向けられている。[15] 仏菩薩の具体性がそもそも一つの超越的な関係を背景としたものであったのだから、仏菩薩が示されることのこの具体的な意味には、当然この関係特有の構造が直接反映されていよう。前節で見た、関係をめぐる二つの矛盾したあり方に即して、今ここで、二つの異なった具体性を指摘できる。

　第一に、親鸞の「来迎」解釈の眼目がそうであったように、仏菩薩のこの現前は涅槃を焦点とした涅槃自身の自己展開として、涅槃との必然的な関係性の成立を強調するものであった。それは「浄土へきたらしむ」とか「法性のみやこにかえる」と言われるような、根源へとすでに差し向けられていることの具体性であって、親鸞はこれを阿弥陀による救済の作用が「つねに」示されていること、つまり涅槃へと向けられた宗教的救済の意味の積極的な現前として受け取っている。

　しかし第二に、仏や菩薩が現前するのは常に穢土に生きる我々に対してであって、浄土においてではない。[16] つまり、仏菩薩の現前として表現されるこの超越的な関係の成立は同時に、関わり合う両者がまったくの別物であること、つまり現在はあくまで穢土の現在であって浄土ではなく、涅槃への志向はあくまで志向であって涅槃そのものではないという、転換の前後についての厳密な区別でなければならない。涅槃との関係は涅槃に対する関係であって、諸表象が指し示すこの「現に常に（涅槃へと向けられていること）」は涅槃に対して無限に隔たっていることの現在性である。涅槃への道が間違いなく定められた地点において、親鸞はなお、自身が限りなく救いから遠い存在であることを強調している。

　つまり、親鸞において仏や菩薩の現前が示す具体性とは、自らがすでに救済の内側にあることのリアリティであり、かつまた自らが直ちに救いを必要としていることのリアリティである。このリアリティが親鸞にとっていかに確かなものであったかについては、この相矛盾した言説がそれぞれ一回限りでなく、親鸞において何度も反復されている点に窺えよう。それは著述のかたちを問わず、時代的、歴史的な変化を問わず、その生涯を一貫している。裏を返せばそれは、親鸞が受け取ったこの宗教的救済の意味がそのつどの現実に常に具体的に相応するものであったことを明かしている。

結びにかえて

　以上、臨終来迎の教説について、親鸞の宗教的関心の所在を問いつつ考察を進めてきた。まず、この教説に対する親鸞の最も基本的な態度である「方便」としての了解に始まって、その具体的描写によって強調されるはずの相対的な規定が「真実」の内容としていかに解釈し直されているかが確認された（第一節）。親鸞におけるこの教説の受け取りの要点は、事柄の相対性に左右されない阿弥陀による宗教的救済の普遍的全体を根本的に矛盾した一つの運動や関係として提示する点にあったが、しかしまた、この普遍性はその救済が現に我々に示されるところのリアリティの問題として、臨終来迎の教説における表現の具体性へと再び還ってくる（第二節）。言わば、かたちなき涅槃への方向がそのままかたちへと反転し、我々は再び「方便」（真実を指し示すかたち）の問題へと戻ってきたことになる。

この意味で「臨終来迎」の教説は親鸞において、かたちなき涅槃の「あちら」とかたちに縛られた我々の「こちら」の双方を同時に、明確に指し示す表現だと言えよう。「仏」や「菩薩」は正しく我々に対して来たるのであり、そのことにおいて涅槃そのものへと我々を至らせる。だからこそ、仏や菩薩は浄土と穢土、彼岸と此岸として区分されたこの超越的な幅の両極を行き来していると表現されるわけである。もちろん、諸表象におけるこの矛盾した両極の間の揺れ動きはまた、何も来迎するところの仏菩薩に限定されるものではない。往生という具体的な宗教的転換の表現をもつ浄土教にあって、親鸞はそこに描写される具体的表象の一々を、迷いと涅槃という相矛盾した両極の間でそれぞれ濃淡をもったものとして受け取っているように思われる。諸表象のそうした提示において、浄土教は迷いから涅槃への転換の前後を一つの矛盾した関係としてひとまとめに切り出してくる。この関係に参画するとき、我々の前には確かに、超越の問題が極めて具体的なものとして提示されていよう。

このように、親鸞にとって宗教的転換の問題は、我々をどこまでも普遍的に超越しつつ、かつそのつどの我々の具体的現実に還帰するものとして、常に我々に示されるものである。この点、諸表象による矛盾した関係の「こちら」への指し示しを構造的に提示しようとした本論の試みは決して十分なものではない。本来我々自身へと向けられた、我々自身を積極的に内に巻き込んだ関係として、浄土の諸表象の我々に対するこの接触を親鸞は具体的にいかに語っているのか。この点については、稿を改めたい。

凡例

親鸞の言葉の出典はすべて、『定本親鸞聖人全集』（法蔵館）により、（ ）内にその巻号、篇、頁数の順に示した。引用に際してはすべて書き下し文に改め、旧字体は新字体に、カナは現行の仮名遣いに変更し、濁点を付け加えた。また『真宗聖典』（東本願寺出版部）を参考に送り仮名を増減し、句読点を変更した箇所がある。なお、傍点による強調はすべて引用者による。

注

（1）この展開は先の「化身土巻」においても実は同様である。当巻冒頭を飾り「方便」の問題への導入を示すはずのこの教説は「化身土巻」のそれ以降の展開において二、三の引用を除きまったく言及されず（一・二七〇、二八六）、その主題は願文の他の文言（「修諸功徳」、「至心発願」）

を手がかりに行や信の問題へと転じられていく。

(2)阿弥陀の本願は我々における様々な相対的差異を問わないとされ、その中に臨終か尋常かの区別も含まれる(一・一三二)。

(3)藤田宏達『浄土三部経の研究』岩波書店、二〇〇七年、四〇四—四一七頁。

(4)以下の引用は直接「臨終来迎」の解釈ではないが、観音・勢至菩薩の来迎を語る文を釈したもので、来迎という言葉の用いられ方に齟齬はない。

(5)「もし人々が私の浄土に生まれなければ(私は仏にならない)」の意。「〜でなければ私は仏にならない」という仏自身の誓いは本願文に共通した文句であるが、ここでは念仏者の往生が仏自身の成仏と重ねられ強調されている。

(6)別の箇所で親鸞は「来」を「[この世界に]きたる」とも読んでいる。ただしその解釈もやはり「かえる」と「きたらしむ」を基点になされており、この「きたる」はあくまで阿弥陀の救済の動性により導き出される超越的な関係の一側面にすぎない。例えば、「法性のみやこより、衆生利益のために、この娑婆界にきたるゆえに、来をきたるというなり」(三・和文・一六四)。

(7)本論において、関係そのもののあり方をめぐるこの差異は決定的に重要である。親鸞の臨終来迎解釈に表れているこの超越的な関係の構造は、我々が一般にこの教説を受け取る場合の直接的な了解からは出てこない。対象論理的な思考の転換を示すこの構造は、その関係そのものの場から見出されねばならない。次節参照。

(8)浄土はこの世界である「此岸」に対して「彼岸」と呼ばれる。この意味で「浄土」とは当のその表象の特殊性を超越した限りなき「彼方」であって、我々は浄土教という一宗派の、特定の思想表現の内側に閉じ込められるのではない(逆に浄土という宗教的世界へ自己閉鎖的な執着を語るのが「化身土巻」である。一・二七二—二七五、等)。

(9)相反する二者の超越的な運動や関係として説明される本論の主題は、伝統的問題の一つである「往還二回向」と重なっている。この教学上の重要な問題に関しては様々に議論されてきたが(各々の回向とは何か、往還するのは誰か、その先後関係はどうか等)、臨終来迎の解釈が示すように親鸞の関心は誰が、いつ、どこで、どのように、といった個別の問いを基点としては展開しない。強いて言えば親鸞は回向を阿弥陀の本願力ととるのだから、回向の主体を「阿弥陀仏」以外に求める必要はない。個々の問いは(その問いの可否も含め)この阿弥陀という表象に指し示される超越的な関係を場所として、そこからしか問題にできない。本論では関係の問題として便宜上、本節と次節を境に、本節までを往相、次節以降を還相の問題として区分できる。本来一つである関係のこの二側面については、次節参照。

(10)阿弥陀仏を「かたちなき如」からの現れとして語る表現は随所に見られる。阿弥陀が超越的な事柄の現れだということを我々の側から言うなら、我々にとって「阿弥陀」が超越との実際の接点であり場所だということである(「南無阿弥陀仏」はこの接触を表現している)。阿弥陀という表象に託して我々は間接的に超越に触れるのであって、我々と涅槃との関係(成仏という転換)が直接に問題となっているわけではない。なお、本引用は還相回向解釈の一つの争点となっており、伝統的にこの文の主語「弥陀如来」に念仏者である「我々個々人」を投影する解釈があるが、本論の趣旨にはそぐわない。親鸞思想の具体性は個別の存在者にではなく、超越的な関係性を指し示す浄土の諸表象(阿弥陀や浄土)に求められねばならない。前注参照。

(11)この関係については、「行者のはからい」を超えた「おのずからしからしむ」ことだとも言われる(三・和文・一五九)。

(12)来迎と仏菩薩とのこの形式上の相違に対応する表現は他にもある。例えば「自」の字に親鸞は「おのずから」と「みずから」という読みを当て、前者は宗教的救済の作用である「阿弥陀の本願力」、後者はその救済の主体である「仏菩薩」を指すとして、ともに「行者のはからい」という対象的な関係のあり方を退ける（三・和文・一五八―一五九）。

(13)「証巻」においては、必ず滅度を得る（仏に成る）という涅槃への方向性と阿弥陀が如から現れるという迷いの世界への方向性が一つの次第として描かれる（一・一九五）。この意味で往相と還相の二つの回向について時間的な前後を問題とする必要はない。

(14)他には例えば、「観は、願力をこころにうかべみるともうす。またしるというこころなり」（三・和文・一四七）、「阿弥陀如来の往相回向の選択本願をみたてまつる」（三・和文・一二六）とある。

(15)この「仏菩薩」が指し示すところの具体性について、これ以上、それが客観的に誰であり何であるかという方向で考察を進めることはできない。涅槃を焦点としたこの関係における具体性は、それが私において出会われるという極めて個人的で主体的な具体性であって、「私にとって誰それが仏菩薩である」という仕方でしか表明されない。それはまた、かたちなき涅槃の現れを前にした言表であって、涅槃そのものの境地においてなされる言表ではないから、「私が誰それにとって仏菩薩である」という言い方ももちろんできない。還相回向についての親鸞の語りが特異でアンバランスである理由の一端がここに窺われる。

(16)浄土教の諸表象が涅槃のさとりへと向けて転ぜられたのとちょうど反対に、転ぜられた浄土の諸表象はここで迷いを目がけて再び反転する。諸表象の指し示しは涅槃の彼岸ではなく迷いの此岸で起こっており、この表象自体が超越的なのではない。

キルケゴールと世俗化

須藤孝也

はじめに

一八世紀啓蒙によって宗教に対するクリティカルな眼差しを鍛え上げられた一九世紀は、その後半に宗教学という新たな学問を生み出すに至った。宗教学は、我々の認識を陰に陽に規定する力をもつ社会という場や歴史に対する認識を洗練しながら、「宗教」の趨勢に関する考察を「世俗化論」という形で提示した。すでに二〇世紀の初頭にマックス・ウェーバーが、合理化のプロセスによって呪術が消滅していくメカニズムを分析し、それを「脱魔術化（Entzauberung）[1]」の語で呼んだことは広く知られているが、世俗化論と、これに再考を促す反世俗化論は、宗教概念そのものがはらむ問題についても反省を深めながら、二〇世紀の後半に一大言説となった。世俗化論者の典型であるブライアン・ウィルソンは、世俗化を「宗教的な思考、実践、組織が社会的重要性を喪失する過程[2]」として論じ、宗教の未来を悲観的に展望した。こうした世俗化論に対して、タラル・アサドやホセ・カサノヴァがそれぞれの立場から反論を加えた[3]。近代化ないし合理化とともに宗教はいずれ消滅する運命にあるとする世俗化論は、多種多様な反論とともに、ハイデガー以降の一連の「形而上学批判」の議論と一部重なりながら、現在へと至っている。

宗教学の成立以前にいたキルケゴール（一八一三―一八五五）の議論と、現代の(反)世俗化論とは、直接的に触れ合うものではない。それらが触れ合うように見えるのは、我々が多少なりとも強引に二次元的な平面を構想し、思想を図式化することによってである。しかし実際の状況は、歴史性を捨象しながら哲学的に、あるいは論理的に考えるだけでも、これまでの出来事を歴史学的に分析するだけでも見えてこない。それら二つの平面を組み合わせることによって三次元の空間を構成し、その中に事象を置いたときに初めて、過去と現在の関係を適切に捉え、キルケゴールと世俗化の関係を正確に理解し、その上で未来へ向けて自由に哲学することができるのである。

　世俗化の語は、これまで論者によって様々な意味を与えられてきたが、本論文の目的は、それらのうちの一つを真正なものとすることにも、それらにとって代わるべき新たな世俗化概念を提示することにもなく、あくまでキルケゴールが経験し認識した世俗化とはどういうものだったのかを明らかにすることにある。当時の状況を考慮に入れながら、世俗化に関する限りでキルケゴール思想を再構成することで、現在において宗教を哲学するための一助としたい。

1　「この世的なもの」

　まず最初に事実として指摘しておくべきは、キルケゴールが書き残したテクストには Sækularisering[4]（世俗化）の語は一度も登場しないということである。だが、これに類似した verdsliggjøre（この世的なものにする、この世化する）の語は二〇回程度登場する[5]。これは、Verden（この世）の形容詞形で、「この世的な」を意味する verdslig に、「～にする」を意味する gjøre が付いた語である。形容詞の verdslig はキルケゴールのテクストに頻出する。本節において、この「この世的な」という語の使用に注目することで、世俗化に対するキルケゴールの対応についての分析を開始したい。

　キルケゴール思想は、様々な留保をつけながらではあっても、基本的には、内在と超越の二元論として構成されている。これら二者の対照は、それらの差異を強調しながら、つまりそれらを「哲学」によって媒介しようとすることがいかに不可能な企てであるのかを説明しながら、繰り返される。そこで、「この世的なもの」は内在に属する事柄を指示するために用いられる。少し長くなるが、この世的なものについてのキルケゴールの理解は以下の議論の基調となるため、典型的な一節を引用する。キルケゴールはここで人間と人間の等しさ、すなわち人間間の平等について、「単独者（den Enkelte）」と題された『私の著作家――活動についての考え』の末尾にある付論において、この世性と関連させながら次のように論じる。

　いかなる政治にもいかなるこの世性（Verdslighed）にも、人間-平等（Menneske-Lighed）ということの考えを最後まで考え抜くことも実現することもできなかった。また、できもしない。平等を「この世の-平等」という媒体の中で完全に実現するということ、すなわち、その本質が差異性である媒体の中で、それを「この世的に」、つまり差異化しながら実現するということは永遠に不可能である。それはカテゴリーに注目すれば自明である。なぜなら、もし完全な平等が達成されるなら、「この世性」は廃棄されなければならないだろうから。〔中略〕しかし、「この世性」が完全な平等を強制するという考え、それをこの世的にこの世性の中で強制しようという考えを得たとするなら、それはやはり妄想の類いであろう！ ただ宗教的なものだけが永遠の助けを借りて人間-平等を完全に徹底することができる。すなわち神的な、本質的な、この世的でない、真の、唯一可能な人間-平等を。(16, 83f)

Menneskelighed は、「人間的」を意味する形容詞 menneskelig に名詞語尾 hed が付いたもので、通常は「人間性」を意味する語だが、キルケゴールは、意図的にこの語を「人間」を意味する Menneske と Lighed に分け、後者を「平等な」を意味する lig に名詞語尾 hed がついたものと読み、全体として「人間-平等」を意味するものとして用いている。同様に verdslighed も通常は「この世性」を意味するが、キルケゴールは「この世の-平等」を意味するものとして用いている。このようにキルケゴールがここで言葉遊びをしながら指摘しているのは、真の人間平等が、この世性の原理によっては達成できないこと、そしてそれは神的な、宗教的な、超越的な原理によってこそ達成されることである。この世では人間は皆それぞれ異なるのに対し、この世を超えて神の前に立つときにこそ、人間は「神の前の人間」として皆同じものとなる。そこにこそ人間平等の真の根源があるのだとキルケゴールは言う。こうしたこの世的なものとあの世的なもの（これは、時間的なものと永遠なもの、相対的なものと絶対的なもの、内在的なものと超越的なものといったセットとパラレルである）との対照が、キルケゴール思想の骨格をなす。

　キルケゴールがこのような主張をしなければならなかったのは、言うまでもなく、当時、「神との関係をこの世化する」(12, 99) 考えがあったからである。神的なもの、あの世的なもの、超越的なものを内在化し、自然化し、この世化することによって、人はキリスト教を人間性の原理に照らして有意味なものとして解釈できるようになる[6]。そうすることでキリスト教を自然的に弁証することができるようになる。世俗化論の観点からすれば、こうした試みを、死に瀕した宗教を延命させるのに有効な処置と見ることも可能であろうが、キルケゴールは『キリスト教への修練』で、「キリスト教がこの世に到来した理由と目的について人間が考え出した相対的なものはすべて虚偽である」(12, 74) と述べて、そうした延命処置を施すことに反対する。キルケゴールの考えるところによれば、キリスト教は

「何かの有限な目的とはつりあうものではない」（12. 75）のであり、キリスト教を内在的な基準や相対的な価値によって測ることは、それを歪曲することと同義である。たとえ得るものがあるとしても、決して真理としてのキリスト教を歪曲してはならないとキルケゴールは主張する。

では、キリスト教には何の意味があるのか。どうしてこれを保持しなければならないのか。ここでキルケゴールは次のように答える。「キリスト教は有限の世界の内部での意味づけをいっさい受けつけない存在である。だとしたらそれになんの意味があるというのか？ 静かに！ それは絶対的なものである」（12. 75）。人間はこの世におけるキリストの出現をもってキリスト教を知るのであり、その内実は、この世の側から規定することができない。キリスト教は、初めからこの世にあったものを明確にするだけのものではないのである。したがって、キリスト教の真理性についての論証を理解したところで、信仰が手に入るわけでも信仰に近づくわけでもなく、結局は、「あなたは信じたいのか、あるいは躓きたいのか、というそこから信仰が生じてくるところの弁証法的緊張」（12. 105）と向き合わざるをえない。それがこの「静かに！」という言葉の意味である。キリスト教の真理性に関しては、「蓋然性の証明（Sandsynligheds-Beviis）」（4. 291）すら役に立たないと言う。蓋然性は、世俗化論において主要な役割を果たす概念であるが、ここに、そもそもそうしたものに立脚せずに展開されるキルケゴールの信仰論がポスト世俗化の議論のなかで我々の興味を引く理由がある。

2 歴史

次に本節では、キルケゴールが歴史というものとどう向き合っていたのか、時代診断と歴史認識という二つの点から考察を加える。

(1) 時代診断

前節で見たように、キルケゴールが生きていた当時、キリスト教を破棄する意図はないにしても、キリスト教をこの世化する、「その生活全体と思考がこの世性であるようなあまりにひどくこの世的な人々」（22. 240）はすでに存在していた。『私の著作家――活動についての考え』には次のようにある。

恐らく一度も決して教会に行かず、決して神のことを考えず、誓う時以外には決して神の名を呼ばない人々！ 自分の生存が神に対して何らかの義務を持っているかもしれないということが一度も頭に浮かんだことのない人々、市民として咎められるところがないことを最高のことと考えていたり、神に対する義務を全く必要と思わないような人々！ だがこれら全ての人々、さらに、神が存在しないと主張している人々ですら、みなキリスト教徒であり、自らをキリスト教徒であると呼び、国家によってキリスト教徒として認められ、教会によってキリスト教徒として葬られ、キリスト教徒として永遠へと送り出される！（16, 24）

ここに言われるように、一六六一年以来の長い国家教会体制により、一九世紀のデンマークにおいてキリスト教は相当程度文化化されるに至った。そうした状況のなかで、人々の精神はどのようなあり方をするのか。キルケゴールはこれを「悪魔的なもの（det Dæmoniske）」の概念を用いて考察し、表現した。「おそらく現代ほどそれ〔＝悪魔的なもの〕が行き渡った時代はない。それはとりわけ精神の領域に現れている」（4, 437）。キルケゴールは、悪魔的なものがそれなりの一般性をもって出現する状況を「現代的な現象」として認識していた。

「悪魔的なもの」は『イロニーの概念』、『あれかこれか』、『畏れとおののき』、『不安の概念』、『人生行路の諸段階』といった、四五年までの初期の著作にしばしば登場する概念であるが、その最も詳しい分析は、『不安の概念』において展開される。そこで悪魔的なものは「善に対する不安」、あるいは「善に対する不自由な関係」として規定される。キルケゴールによれば、自由と善は一体のものであり、善を拒む悪魔的な人間は、たとえ自身が望むように生きていたとしても、それは本来的には、善をなしえない不自由の状態にある。「自己自身のもとにあるのであれば、確かにそれは自由である。ところが彼はまさに不自由であり、囚われ、締め出されている。なぜなら、真理に対して自由であることは〔真理から〕閉め出されていること、自己自身によって閉め出されていること、つまり囚われているということなのだから」（4, 224）。善は顕わになることを要求するが、悪魔的なものはこれを拒み、自己のうちに閉じこもる。だが、不自由の状態にあるとはいえ、そこには依然として変化の可能性、すなわち「真の自由」を獲得する可能性があるのであり、この可能性のうちに不安が生じるのだ、とキルケゴールは分析する。

この悪魔的な不安は、さらに真理としてのキリスト教を前にしてもなお自己に固執するとき、悪魔的な絶望へと悪化する。「悪魔的な絶望は、絶望して自己自身であろうと欲する、という絶望のうちで最もその度を強めた形態のものである」（11, 187）。信仰や真理としてのキリスト教を拒むことは決して自由になされうるものではなく、それは不自由への転落だとキルケゴールは言う。

ここで信仰とは、善であり真理である神を信頼し身を委ねることだと言い換えることもできようが、そうした信仰のし損ねは、「躓き（Forargelse）」としても分析される。『死に至る病』において、躓きは、低次のものから高次のものまで、三種類に区別されて分析される。一つ目は、キリスト教に関する判断を未決定のままにしておく場合であり、二つ目は、キリスト教を尊敬しながらも、信仰を選びとらない場合である。[7] だが第三の種類の躓きは、積極的な躓きである。これは「キリスト教を非真理、嘘と言う」(11. 242) ほどに強度の増した躓きである。ここで注目すべきは、キルケゴールが展開しているのは、あくまでキリスト教信仰を前提とした躓き論だということである。キルケゴールは、キリスト教信仰を前提としない議論に立ち入る必要性は認めず、あくまでキリスト教信仰を前提とした躓き論を語るのであり、読み手にとってもそれで十分であろうと想定している。

(2) キルケゴールの歴史認識

　ここでも基本となるのは、件の二元論である。キルケゴールは、必然性の原理が支配する永遠の世界と、自由が大きな役割を果たす時間の世界、すなわちこの世とを区別するのだが、当然、歴史は後者に属するものとして理解される。「歴史的になる全てのものは偶然的である。なぜなら、それが生成し (blive til) 歴史的になるということによって、それは偶然性の要素を得るのだが、偶然性は正しくあらゆる生成における一つの契機なのだから。――ここに再び、歴史的真理と永遠の決定との間の非通約性が横たわっている」(7. 96)。

　この二つの世界の峻別は、いわゆる「逆説 (Paradox)」としてのキリスト教理解と連動している。というのも、永遠と時間、不変性と可変性といった架橋しえない質的に異なる二つの世界を横断する存在として、イエス・キリストが理解されるからである。「逆説を信じる、私たちが信仰と呼ぶかの幸せな情熱。逆説はまさにこの矛盾を一つにするのである。歴史的なものが永遠と化し、永遠なものが歴史と化す」(4. 263)。ある時に、永遠の世界にいる神が時間のこの世に現れた。そうした不可能な出来事をキリスト教徒は信じるのである。これは哲学そのものではない。[8]

　信仰者にとって、したがって、歴史は二つに区別される。すなわち、それ自体では何ら「重要性をもたない」(4. 262) 歴史的な出来事一般と、永遠が時間のうちに現れた決定的に重要な歴史的瞬間とである。信仰者にとっては、「まさに歴史的なものがキリスト教における本質的なものなのだ」(19. 392f) と言うように、神がこの世に現れたこの特別な歴史的瞬間が重要な意義を持つのである。

　イエスにおいて神がこの世に現れた瞬間は歴史的なものだが、イエスにおいて時間のこの世に現れた永遠なものは、歴史的なのではまったくない。これについてキルケゴールは、「永遠なものの完全性は、それが歴史をもたないということであり、それは存在しているにもかかわらず、絶対的に歴史をもたない唯一のものである」(4. 276) と言う。可変性を原理とする歴史のうちに、不変の一点を想定するのがキリスト教である。確かにキリスト教も、この世の現象である限り、歴史的可変性を帯びる。[9] しかしそれにもかかわらず、この決定的な歴史的瞬間に主体的に関わることは、歴史を貫いて変わることなく信仰者に不可欠のものであり続けるとキルケゴールは言う。「信仰する者としてキリスト教徒となるのであれば、どの世紀においても、この逆説と同時的にならなければならない。この点においては彼はキリスト教の歴史とは全く何の関係もない」(15, 158)。

このように主張するときにキルケゴールが意図しているのは、キリスト教との関わりに発展論を持ち込むことに対する批判である。時代が下るごとにキリスト教はますます実現されてきたのであり、諸個人によるキリスト教との関係はますます容易になってきた、とはキルケゴールは考えない。「キリスト教は、自らが一つの超越的な出発点であり、一つの啓示であり、したがって内在がこの出発点と同化しこれを一つの契機にすることは永遠にできないと宣言する。この質的逆説が質的に揺るぎなく存立する以上、世界史のプロセスなどというものはまったくもって問題とならない。この質的逆説と世界史のプロセスとの関係は、俗的に言えば十字架と悪魔との関係であり、どうあがいたところで媒介しうるものではない」(15, 275)。ここにおいてキルケゴールの信仰論は、歴史性を超越することによって、歴史的発展論と一体となったキリスト教理解だけでなく、歴史プロセスとしての世俗化論とも鋭く対立する。

キリスト教が真理なのであって、歴史性のこの世が真理なのではないという考えをキルケゴールは一貫して保持する。この考えが揺らぐとき、この世に認められた度合いによってキリスト教の真理性を測ろうとする議論が生じる。キリスト教徒が、信者が増えることを喜ぶのは自然なことであろうが、しかし信者が増えることによって、自身のキリスト教との関係が容易で安泰なものになると考えるならば、それは間違いであるとキルケゴールは言う。『キリスト教講話』では、「歴史的には、どれだけ多くの人が信仰を抱いたかが問題である――それは歴史が提出する問いなのだ。だが信仰は歴史ではない。そうではなく、信仰の問いは『あなた』に向けられている」(10, 245) と述べられた。

このようにキルケゴールにとって、信仰はあくまで個人による自由の行使としての「賭け」の行為であった。キルケゴールが歴史(哲)学を拒む理由はここにある。「賭け」の可能性を堅持するキルケゴールには、歴史(哲)学は、自由を行使すべき場面に、そこでは無用な必然性や蓋然性を持ち込むものに思われたのである。ここには必然性の形式で歴史と未来について語ろうとすることに対する鋭い批判が見られるとともに、必然性に立脚しない、自由に開かれた歴史学をうまく活用することができなかった限界も認められる[10]。

3 変容する「キリスト教界」のなかで

キルケゴールが著作活動を行った一九世紀の半ばは、ちょうどデンマークが立憲君主制へと移行する激変の時期にあたる。

それ以前の絶対王政期においては、国民は皆国王が統べる国家教会に帰属させられた。だが一八四〇年代には、国家教会が中央集権的に国民から自由な宗教生活を奪うものであることが意識されるようになってきた。そうして四九年に新憲法が制定され、国家教会が国民教会として編成し直されると、教会の支配力は大幅に弱まり、国民にとってのキリスト教の意味合いも自動的に変容した。[11] これはキルケゴールにおいても同様である。

第一節では、キルケゴールが当時のデンマーク社会がキリスト教の「この世化」を進めていくのを認識し、批判していたことを見たが、ここで付言しなければならないのは、キルケゴールはこの世的なものをあらゆる場面で拒んだのではなかったということである。キルケゴールは、キリスト教をこの世化することには反対したが、それ以外のところではこの世的なものに余地を認めた。キルケゴールが宗教の領域と世俗の領域を分けていたことは次の記述に明らかである。「一切の時間的、地上的、この世的な目的に関しては、大衆がその妥当性を有しうること、決定者としての、すなわち裁定者としてのその妥当性さえ有しうること、これは自明のことであり、もちろん私がいまだかつて否定したことなど一度もないことであるが、これをはっきりと述べておくことは、おそらく最も当をえたことなのであろう」(16, 86)。少なくとも、キルケゴールは、社会領域の機能分化という意味での世俗化の時代をすでに生きていたと言える。そうした状況があっての二元論であり、逆説論だったのである。

とはいえ、そうした超越性なき世俗性によって生活の全体が統治されることは、キルケゴールにはとうてい認められなかった。キルケゴールは、世俗政治が相対性のうちに溶解し、「無制約なもの (det Ubetingede)」との関わりを消失させうることを洞察した上で、『私の著作家――活動について』で、次のように超越のキリスト教の保持を訴える。

ただ無制約的なものの中に生きる、ただ無制約的なものを吸い込むということは人間にはできない。魚が空気中で生きねばならない時のように、人間は死ぬ。しかし他面において、無制約的なものに関係することなしには、人間は一層深い意味で生きることもできない。〔中略〕無制約的なものはなしですますことはできないのである。むしろ、それなら一層無制約的なものは欠きえないのである。だから単独者自身が無制約的なものに関係しなければならないのである。これこそ私が、自分に与えられた能力にしたがって、最大限の緊張と多くの犠牲によって戦ってきたことである。数的なものを含めてのあらゆる暴虐と戦いつつ。私のこの努力は巨大な高慢と尊大として嫌われた。だが私はこれがキリスト教でありそして隣人への愛であると信じたし、またそう信じている。(13, 26f.)

なお、ここで考慮すべきは、当時のデンマークで進行していたのは、キリスト教が衰退・消滅するという意味での世俗化ではなかったということである。確かにこの時代、人々の目はこの世において具体的に「救済」してくれる政治へと向けられ始めた。しかしそうした政治化は脱宗教化を意味せず、国民の圧倒的大多数は依然キリスト教徒であり続けた。というのも、四〇年代以降、デンマークで主要なトピックとなったのは、キリスト教を信仰し続けるか棄教するかではなく、中央集権的な国家教会によって統制される宗教生活を望むのか、それともそうしたものに統制されない自由な宗教生活を望むのかという選択だったからである。[12]

そうした時代状況ゆえ、キルケゴールがその著作活動によって行おうとしたのは、非キリスト教徒に対して、キリスト教が真理であることを示すことではなく、キリスト教徒として自己を理解する者たちに、キリスト教に対して適切に関わるよう説くことであった。キルケゴールが自身の著作活動の目標として定めた「キリスト教界（Christenhed）にキリスト教（Christendom）を再び導入する」（16, 24）という課題は、そのようにして果たされるのである。「私の著作活動は終始キリスト教に、すなわちキリスト教徒になるという問題に関係するものである。キリスト教界という巨大な錯覚、あるいは一つの国家において万人がそのままキリスト教徒であるという巨大な錯覚に、直接的、間接的に反駁する狙いをもっている」（16, 11）。ここに言われる、キリスト教徒をキリスト教徒に「なる」ように促すことは、真理としてのキリスト教に適切に関わるよう促すことを意味する。

こうした企てについて日記に次のように書いている。「当然、改革はなされるべきである。それは恐ろしい改革となるであろう。それに比べたら、ルターの改革などは、ほとんど冗談であろう。それが恐ろしい改革だというのは、それが敵と味方を区別するために『キリスト教は地上に存在するのか』と叫ぶからであり、何百万という人間がキリスト教から『離脱する（affalde）』からである」（27, 638）。キルケゴールは、キリスト教徒であるための基準を緩和することによって多くの人間をキリスト教のうちにとどめようとするのではなく、まったく逆に、「たとえ誰一人キリスト教に入ろうとしなくても、たとえ私自身がキリスト教徒であることを諦めなければならなくなったとしても」（13, 24）、あるべきキリスト教徒の姿を明確にし、それに向き合うよう人々に促したのだった。キリスト教が社会全体においてその重要性を失ってしまった、いわゆる世俗化の状況を念頭においていては、こうしたキルケゴールの企てを有意味に理解することはできない。

4　内面化と私事化

キルケゴールのキリスト教界改革の企てに関して、もう一点指摘しておくべきことがある。それは「内面性（Inderlighed）」に関するものである。『哲学的断片を結ぶ非学問的後書き』で、「宗教性とは内面性であるということ、また、内面性とは神の前なる自己自身に対する個人の関係であり、個人の自己自身への反省である」（7, 397）と定義される内面性は、言うまでもなく、キルケゴール思想の中核をなす最も重要な概念の一つである。この自己自身への注視が、自己変革を可能にし、単に「在る」だけの美的実存を脱し、倫理―宗教的実存を可能にする新たな地平を開く。この概念を用いることによって、キルケゴールは外的世界とは区別される実存の空間を確保するのであり、従来のキルケゴール研究の多くがこれに注目してきたことはある意味で当然のことであった。

しかし、当時のデンマーク社会において教会政治をめぐる議論が活発に行われていたことを考慮することによって、内面性の重要性を強調するこの議論は、実際、裏面において、教会制度や法律の改正といった政治的解決が不要であることを訴えるものであったことが見えてくる。「そのためにはおそらく一人の新しい官吏も必要ではなく、古い官吏を辞めさせる必要もない。そういうものではなく、おそらく、神を畏れることによって確かなものとなる内面の変化が必要なのだ」（13, 26）。これは世俗政治よりもむしろ教会政治に関わる議論である。確かにキルケゴールは、若い頃から国家教会のトップに立って諸教会を統括するミュンスター監督に対して批判的な目ももっていたが、しかし国家教会を打ち倒す意図はなく、あくまで国家教会のために働こうとしていた。[13] 教会や社会に対する関心も有していたがゆえに、内面性をめぐるキルケゴールの議論は、四九年の国家教会の国民教会化、さらには五四年のミュンスター監督の逝去とマーテンセン体制のスタートによってトーンを変え、晩年には、教会のあり方も含めて「キリスト教界」を厳しく批判する議論へと収斂していくのである。もしキルケゴールの内面化を強調する議論が社会的問題に一切関わらず、もっぱら非社会化を志向するのであったとすれば、そこでは決してキリスト教界は問題にならなかったはずである。確かに一見するところ内面化と個人化は類似した概念に見えるが、内面化は社会からの離反という意味での個人化を意味するのではない。

これと関連して、内面化と類似した概念に「私事化」がある。トーマス・ルックマンは、世俗化によって宗教は「私的な事柄（Privatsache）」になると指摘した。[14] だが、これまで論じてきたように、キルケゴールの「単独者」は、世俗化し、多様な宗教観をもつ人間たちが宗教に関するコンセンサスを欠きながら共生する社会のなかで、一人、その主観性のうちでキリスト教を信仰する個人ではない。[15] キルケゴールは、「キリスト教界」においては各人が単独者であるべきだと考えている。さらに正確に言えば、「信仰共同体（Menighed）のうちにいるのは単独者である。単独者は信仰共同体を形成するプリウスとして弁証法的に決定的なものである」（23, 40）と述べているように、キルケゴールは、そうした単独者たちから成る社会を考えていたのである。[16] ルター派プロテスタントのデンマーク社会は、社会の構成員たちが各自、同一の神に関わるという仕方で統一性を確保する社会であり、キルケゴールの単独者もまた、悪魔的に自らのうちに閉じこもる主体ではなく、他の単独者とともに社会を構成する社会的存在なのである。

ハンナ・アーレントは、キルケゴールについて論じた論文の中で、「キルケゴールは、私たちが生きる世界に非常によく似た世界に生きた最初の思想家だった。すなわち、啓蒙に発する全体的に世俗化した世界である。〔中略〕そのような世界においてラディカルに宗教的であるということは、単に神の前に一人立つという意味だけでなく、神の前に他の誰も立たないという意味においてそうなのである」[17] と述べた。もしこの「神の前に他の誰も立たない」という箇所が、他の人々はみなキリスト教を棄ててしまったということを意味するのであれば、アーレントはキルケゴールの思想的・社会的文脈を誤読したことになる。

確かに五〇年の『キリスト教への修練』には、「現代人はキリストの教えを取って、キリストを棄てるのであり、それはキリスト教を廃棄することだ」(12, 129) といった、後に進行する世俗化を先取りするかのような一文も読まれる。だがここでのキルケゴールの意図は、あくまで教理としてのキリスト教に対してキリストの実存を対置することにあるのであり、人々が実際に棄教することを念頭に置いて、それを批判するために言われているのではない。キルケゴールが見ていたのは、あくまで人々が「キリストの教えを取る」社会、つまりキリスト教をこの世化し、社会生活の中で役立てようとする状況であった。この時点では、キリスト教のこの世化は、この世化される前のキリスト教に価値を置きながらなされているのであり、キルケゴールはそうしたこの世化を批判しているのである。この世化された後のものが残ればそれで十分であり、この世化される前のものはもはや不要であるとされるときに、キリスト教は衰退への道を大きく一歩踏み出すことになるが、これが実際にデンマーク社会で起こるのは二〇世紀に入ってからである。[18]

5　おわりに

以上から結論として、キルケゴールは、社会全体においてキリスト教が衰退し、そのプレゼンスを失うという意味での世俗化こそ経験していなかったが、宗教生活の自由化とキリスト教精神の内在化、あるいはこの世化としての世俗化が本格的に進展し始めるその開始点において、これに敏感に対応するように自らの思想を構築していたと言うことができる。

ピーター・バーガーは、知識社会学の成果を受けて、諸個人は、その中に生まれおちた社会的文脈のなかで宗教を継承し、その枠組みの中で自分の経験を解釈することを指摘したが、[19] 確かにキルケゴールは「キリスト教界」の文脈の中であらゆる事柄を解釈していたと言える。キルケゴールはいかなる蓋然性もなしにキリスト教を信仰する必要性を説いたが、彼が信仰する対象がキリスト教であるのは、彼がキリスト教界に生まれ落ちたことと決して無縁ではあるまい。また、彼が多元主義への理解を著しく欠くキリスト教徒であったことは、「いずれにしても、絶望していない人間は、キリスト教界の外部には、かつて一人も生きていたことがなかったし、また現に生きてもいない」(11, 138)といった記述にも明らかである。ここでデンマークにおけるナショナリズムの問題、ないしそれとのキルケゴール思想との関係についてここで詳しく論じることはできないが、一八四〇年代はデンマークにおいてナショナリズムが大きく盛り上がる時期であったことと、宗教がアイデンティティを構成する社会的機能を果たす点は指摘しておきたい[20]。

　とはいえ、地域性や時代性を最大限に切り詰めて得られる普遍性の理論は、その対価として、具体的な有意味性を最大限に喪失することになる。普遍性の理論としての世俗化論が結局は信憑性を相当程度失うに至ったのは、この意味で当然だったと言える。そして同時に、キルケゴール思想が、キリスト教界という個別的な場において構築され、またそれに向けて提示されたことにも、相応の理由があったと言える。しかしその裏面では、そうしたローカルな思想が、その外部に対してどのように働くのかという問いがほとんど手つかずのままに残っていることも看過しえない。これは、一九世紀におけるよりもますます世界が小さくなる現代において重要となる問いであり、「キリスト教界」のみならずキリスト教をも相対化しうる根本的な問いである。この問いに答えることは、キルケゴール研究から宗教哲学研究へと進むことを意味するが、本稿で扱う問題の範囲を超えているため、また稿を改めて論じたい。

凡例

SKS：キルケゴールのテクストは、*Søren Kierkegaards Skrifter*, udg. af N. J. Cappelørn, J. Garff, A. M. Hansen og J. Kondrup, bd. 1-55, København: Gads Forlag, 1997-2013 を用い、巻数と頁数を示した。

注

(1) Max Weber, *Die Protestantische Ethik und der »Geist« des Kapitalismus*, Weinheim: Beltz Athenäum Verlag, 2000, S. 178.

(2) Bryan R. Wilson, *Religion in Secular Society : Fifty Years On*, Oxford: Oxford UP, 2016, p. 6.

(3) アサドは、イスラームを考慮に入れ、「共通の認識があるとすれば、それは宗教から世俗へという単純な進歩の物語はもはや受け入れられないというものである」(Talal Asad, *Formations of the Secular: Christianity, Islam, Modernity*, Stanford: Stanford UP, 2003, p. 1) と世俗化論をきっぱり否定する。カサノヴァは世俗化が、社会分化、宗教的信念や実践の衰退、私事化といった三つの意味をもっていることに注目し、いずれの意味においても世俗化論を批判した。Jose Casanova, *Public Religions in the Modern World*, Chicago: University of Chicago Press, 1994, p. 211.

(4) なおヘルマン・リュッベは、ヘーゲルもマルクスも世俗化については分析していないと指摘している。Hermann Lübbe, *Säkularisierung: Geschichte eines ideenpolitischen Begriffs*, Freiburg/ München: Alber, 1975, S. 34-39.

(5) SKS 7, 419; 8, 225; 12, 99; 12, 172; 13, 82; 16, 180; 16, 248; 21, 172; 21, 185; 22, 57; 23, 144; 23, 224; 23, 284; 24, 48; 24, 199; 24, 240; 24, 349; 24, 381; 24, 392; 25, 252; 25, 300; 26, 138.

(6)「この世的化する」と同じような意味で「自然化する（naturalisere）」の語も用いられる。「現代ではキリスト教はことごとく自然化されてしまった」(7, 532)。

(7) *SKS* 11, 240f.

(8) Cf.「キリスト教は、歴史的なものであるにもかかわらず、いや、まさに歴史的なものによって、個人にとっての、彼の永遠の意識に対する出発点であろうとし、ただ単に歴史的にというのではないような仕方で彼を関心づけようとし、彼の救いを、何らかの歴史的なものに対する彼の自身の関係に基礎づけようとする、唯一の歴史的現象なのである。いかなる哲学も（というのは、それは思惟のためにあるに過ぎないから）〔中略〕この考え方を獲得しているわけではない」(4, 305)。

(9) 歴史がキリスト教に与える影響については、『不安の概念』の第二章で考察される。だが歴史が与える影響は、あくまで「量」のレベルにとどまり、「質」の構成には何ら影響を与えないというのがキルケゴールの考えである。

(10) 例えば、ミシェル・フーコーは、その歴史学のキー概念である「問題化」について、次のように自由の行為として説明している。「思考の歴史を特徴づけることのできる要素がひとつあるように思われたからです。それは、諸々の問題、より正確には諸々の問題化と呼ぶことができるものです。〔中略〕思考は、行動に宿り意味を付与するものではなく、むしろそのような行動や反応の様式から距離を取り、それを思考の対象とし、その意味、その条件、その目的について問うことを可能にするものなのです。思考とは、行いに対する自由であり、自らが行うことからひとが身を離し、それを対象として構成し、問題として考える運動のことなのです」（ミシェル・フーコー「論争、政治、問題化」『思考集成』第一〇巻、筑摩書房、二〇〇二年、五一頁）。それに対し、キルケゴールが歴史学の語でイメージしていたのは、主として、目的論をもった歴史学、すなわち歴史的変容を必然的なものとして説明しようとする歴史学であった。Cf. 拙論「霊性の思想家としてのキルケゴール：フーコーの霊性理解に照らして」『宗教史学論叢一五：スピリチュアリティの宗教史』リトン、二〇一〇年、三四九―三七二頁。

(11) 新体制は以下の三者間の対話によって作り上げられた。すなわち、ヤコブ・ミュンスターが代表するような、国家教会的な一元支配の継続を望む声、ニコライ・グロントヴィが代表するような、国民の宗教生活に大きな自由を認めながらも教会は単一とすべきとする声、ヘンリク・ニコライ・クラウセンが代表するような、啓蒙主義の立場に立ち、国家が国民の内面を管理することに反対する声である。Cf. Anders Holm, "Magtbalancen i Dansk Kirkepolitilk før og efter 1849: skitse til en

forståelsesmodel," in: *Kirkeretsantologi*, København: Anis, 2012.

(12) Anders Pontoppidan Thyssen,"Sækulariseringsprocessen i Danmark," in: *Nyt Synspunkt*, nr. 11, 1980, s. 12.

(13) エーェロン・メラーは、若きキルケゴールが絶対王政と国家教会の支持者であったと指摘する。A. Egelund Møller, *Søren Kierkegaard om Politik*, København: Forlaget Strand, 1975, k. 6.

(14) Thomas Luckmann, *Die unsichtbare Religion*, Frankfurt am Main: Suhrkamp Verlag, 1991, S. 127.

(15) スティーブ・ブルースは、北欧では、国家のプロテスタントが支配的で、リベラリズムもまたプロテスタント信仰のうちにあるため、宗教それ自体は争いの中心とはならなかったと指摘している。Steve Bruce, *Religion in the modern world*, New York: Oxford UP, 1996, p. 59-62.

(16) Cf. 拙著『キルケゴールと「キリスト教界」』創文社、二〇一四年、第五章。

(17) Hannah Arendt, "Søren Kierkegaard," in: *Essays in Understanding 1930-54*, ed. by J. Kohn, New York: Schocken Books, 1994, p. 46f.

(18) Anders Pontoppidan Thyssen, op. cit., s. 20.

(19) Peter R. Berger, *The Sacred Canopy: Elements of a Sociological Theory of Religion*, New York: Doubleday, 1967, ch. 1.

(20) Povl Johs. Jensen,"S. Kierkegaard og demokratiet. En skitse," in: *Kierkegaardiana*, nr. 10, 1977, s. 78. ジュゼッペ・ジオルダンは、宗教がアイデンティティ・ポリティクスの公的言語を正当化する象徴として機能することを指摘している。Giuseppe Giordan,"Spirituality: From a Religious Concept to a Sociological Theory," in: *A Sociology of Spirituality*, ed. by K. Flanagan and P. C. Jupp, Aldershot: Ashgate, 2009, p. 164.

優美と英雄
――ラヴェッソンの目的論と神論

山内翔太

はじめに

実証主義華やかなりし一九世紀のフランスで、神の問題を主とする形而上学を正面から問い直した人物がいた。フェリックス・ラヴェッソン＝モリアン（Félix Ravaisson-Mollien, 1813-1900）である。今日ではベルクソンの先行者として僅かに語られるにとどまるこの人物は多くの顔を持つ。まず、『アリストテレスの形而上学についての試論』（一八三七年）に象徴される、近代におけるアリストテレスの復興者としての顔。そして、僅か五〇ページほどの博士論文『習慣論』（一八三八年）や、パリ万国博覧会での報告書として書かれた『一九世紀フランス哲学についての報告』（一八六七年、以下『報告』）、或いは『形而上学・道徳雑誌』の創刊号を飾った論文「形而上学と道徳」（一八九三年）や、亡くなる二年前に書かれ、死後同誌に掲載された『哲学的遺書』（一九〇一年）に象徴されるような、フランス・スピリチュアリスムの哲学者としての顔。はたまたルーヴル美術館にて古代美術部門を担当し、レオナルド・ダ・ヴィンチのデッサン論を研究し、ミロのヴィーナスの保存やサモトラケのニケの修復に携わる学芸員としての顔。しかしこれらの経歴全てが、善や美といった目的因を真実在として把握し、更にその根源たる神の絶対的存在に到達することへの関心に貫かれていた。しかも彼は、純粋な思惟によるものと伝統的に見做されてきたこの真実在の把握を、自己の直接的で内密な意識経験、とりわけ美感において遂行出来ると考えた。

ラヴェッソンの形而上学は目的論と神論を中核とするが、その特徴は「優美（grâce）」の経験を重視する点にある。grâceという語は「優美」の他に「恩寵」をも意味するが、ラヴェッソンはまさに美感的な優美のうちに神学的な恩寵を見て取る。ベルクソンが彼に捧げた「フェリックス・ラヴェッソン＝モリアン氏の生涯と業績についての略述」（一九〇三年、『思想と動くもの』所収）はこのことを次のように指摘している。

〔……〕芸術家の眼を以って宇宙を観照する人にとって、美を通じて読み取られるのは優美であり、優美の下に透けて見えるのは善良さ（bonté）である。〔……〕運動に見られる魅力（charme）と神的な善良さの特徴である惜しみなさ（libéralité）を同じ名で呼ぶことは間違いではありません。ラヴェッソン氏にとって、優美＝恩寵（grâce）という語の二つの意味は一つでしかなかったのです。[1]

このように感性的な魅力と施しを行う神の善が同じと言われることが正当ならば、神が世界に与えるものが美であり、その美を通して神を把握させるものが優美ということになろう。ここで、優美はまさに経験されるものでありながら形而上学的、或いは宗教哲学的ですらある。本論の問いは、経験から形而上学へと導くこの優美＝恩寵とは何か、ということである。但しこの問いが哲学的な意味を得るためには一定の方法が必要である。そこで第一節では、まず彼の哲学の方法をなす目的論的な綜合を検討し、その哲学が神の完全性から始まることを追う。その後第二節と第三節で自己の成立から美の類比によって考えられる美的な自然哲学、並びにその類比を完成させる芸術論を扱い、優美＝恩寵の哲学的射程を跡付ける。第四節は優美の底にある善良さの道徳論を見通す。なお対象となるテクストは、優美の問題を集中的に取り扱う『報告』以後、後半生の労作である。[2] ラヴェッソンの思想は従来ベルクソンとの関係で多く研究されてきた。[3] しかし本論では優美＝恩寵の問題を焦点にしてテクストを内在的に読解することで、自己意識との類比によって自然を美感から把握し、そこから純粋な能動性として善なる神を目指す〈美学＝道徳論＝形而上学〉という彼独自の宗教哲学的な思索の機序を構造的に洗い出したい。

1 意識による真実在の把握

まずラヴェッソンの哲学的方法を理解するために『報告』の結論部から検討しよう。この箇所は、当時のフランスの思想情況全般を踏まえた上での彼自身の哲学のマニフェストと言える。

ここで彼は、分析と綜合とを対比し、綜合こそ「高次の哲学」である形而上学の方法だとする。分析とは「分解に次ぐ分解によって、段々と基礎的な素材へと下っていく」ことであり、

「高次のものを低次のものへ」、つまり「思考を生命へ、生命を運動へ、運動そのものを、なまの、全く受動的な物体の関係へと」還元し、段々と「無」を目指すものである（PF,295）。このような分析は「形相も秩序もない絶対的不完全性へと全てを還元する」（ibid.）ことに行き着く。反対に、綜合とは「より高位の、物質的な制限から更に解放された構成の原理へと向かって構成から構成へと昇り、何者にも限定されない絶対的完全性によって全てを説明しようとする」ことであり、段々と「無限」を目指すことである（ibid.）。分析が機械論的な認識を含意するのに対して、綜合は目的論的な認識を含意することがここから読み取れる。

ラヴェッソンは綜合の核として構成的な「無限」を想定する。ここで彼は、自らと同様に分析と綜合を対比した上で哲学の方法として綜合を採用したカントと袂を分つ。実際ラヴェッソンは、カントが「アプリオリな綜合判断」を、単に感性的で物理的な経験を統合するものとしてだけでなく感性的経験の「向こう側」への通路としたことを評価しつつも、結局は「延長と持続の法則」という「感性的秩序の諸条件」しか見なかったと批判する（PF,292）[4]。周知の通り『純粋理性批判』において物自体を直接語ることを禁じたカントは『判断力批判』においても、自然の客観的な認識に関わる規定的判断力ではなく、自然を表象する主観の形式にのみ関わる反省的判断力にだけ自然の合目的性を認めた[5]。カントが踏みとどまったこの地点を、ラヴェッソンは遙かに踏み越えるのである。

何故このようなことが可能なのか。それは彼が、完全性へと向かう能動性を主観の根底となる意志に直接見出すからである。「我々は完全性を欲しており、全てを判断する際に従うのは、この範型である」（PF,292）と彼は言う。この範型こそ我々の意志である。この点でラヴェッソンは、意志の内的直接的覚知をあらゆる認識の根源と見るメーヌ＝ド＝ビランの衣鉢を継いでいる[6]。ラヴェッソンは、「意志という唯一の範型の内で、我々の最も内密な意識だけが認識させてくれる」ところの「傾向ないし努力」（PF,294）を見出す。これはあらゆる現象的な運動がそこから出てくるところの「基底」であり「実体」（ibid.）である。そして、この努力のうちに「その働きの始めから目標として終極を含んでいる原因、目的因であると同時に作用因であるような原因、それどころか目的因であるから作用因であるような原因」（ibid.）を見出す点において、ラヴェッソンはビランの言及した経験的自我の発生という範囲をも遙かに越える。要するに、作用因となって運動を内から牽引するような目的因が完全性として先在し、運動の基底であると同時に原因をなす。こうしてあらゆる有限な運動、不完全な運動は、行き着くべき目標を自らの存在根拠として最初から前提することになる。努力はこの目的因を摑む意志的な意識なのである。

解像度を上げるために努力の実相に迫ろう。我々はどのように完全性を欲するのか。ラヴェッソンは、「感覚や感情、想像、観念、欲望、意志、記憶」からなる「涯もなく底もない揺れ動く大海」（PF.298）が何故ことごとく我々自身でありうるのかを問う。この時彼は、この内的な無数の渦のどこにおいても、「我々がそれらを形成する働きに他ならない一性（unité）」（ibid.）によって、それら捉え難い多数の寄せ集めを我々自身が繋いでいることに着目する。この働きの一性とは、「我々の複合的な個体性が潜勢的な形で含んでいる諸々の未知の力能（puissance）が協力し相互に調整して向かっていくところの秩序ないし目的」（ibid.）を規定するような、「思惟すなわち知性の作用（action）」（PF.299）である。この作用は、或る観念を言い表そうと意志すると眠っていた記憶のうち役立つものが奥底から現れ出てきたり、或る運動を意志すると想像力を伝ってその要素となる運動が我々の存在のうちに現れ出て運動が実現したりする、といったことを指す。よって意志において覚知される「努力ないし傾向」とは、このように潜勢態（puissance）から現勢態（acte）へと向かう能動性、すなわち自己の無窮の動性を意味する。

勿論、こうした自己の構成は飽くまで実現途上にある完全性の範型、すなわち相対的な完全性に過ぎない。それゆえここでラヴェッソンは、相対的な完全性を成り立たせるような高次の基準として「絶対的善であり無限の愛である普遍的な神」（PF.299）を構想する。神は自己の存在原因であるので、「我々の内面よりも更に内に」あり、「我々よりも一層我々自身」であると言われる（ibid.）。それゆえ、自己自身を反省することへは必然的にその原因ないし存在理由として神を反省することへと深まる。神は、絶対的な「善」ないし無限の「愛」と形容されているように目的そのものである。まさに目的によって存在が形作られていたことを鑑みれば、神つまり絶対的完全性とは「自己原因であるもの」（PF.315）に他ならない。神においては「本質と現実存在、言い換えれば潜在性（virtualité）と現実性（réalité）、潜勢態と現勢態が一つでしかない」（ibid.）。これを敷衍すれば、現勢態と切り離された単に可能的な潜勢態といったものは単なる抽象でしかなく、実在する潜勢態は全て作用への傾向である。しかも「作用を目指すことは既に働くこと（agir）である」から、「傾向とは作用である」（PF.316）。逆から言えば、傾向は「止められ、阻まれ、中断されている作用」（PF.317）である。よって存在の高次／低次は原因からの距離、すなわち作用がどれだけ中断されて、現勢態がどれだけ潜勢態となっているかの度合いなのである。

煎じ詰めれば綜合とは、「自己自身への反省、そして我々が参画する絶対者への、自己自身を通した反省における、最終原因にして最終理由の直接的意識」（PF.300）である。このようにラヴェッソンにおいては、哲学の方法そのものが存在の絶対的な完全性を構成的に認識することから出発する。つまりこの方法を取ること自体が目的論的かつ実在論的な立場を取ることに等しい。この立場は絶対者たる神から出立するため神学的でもある。一切の存在の原因である神を同時に一切の存在の目標として知り、この神的な目的から万物を説明するという意味において、ラヴェッソンの哲学は形而上学なのである。

2 世界の美

ラヴェッソンは、認識の根拠となる自己を通じて、神という最終的な根拠へと反省を向けることで形而上学を立てた。ここから彼は「神は魂を理解するのに役立ち、魂は自然を理解するのに役立つ」（PF.300）と言う。次に引く如く、内密な意識において見出される目的を自然にも見出そうとするのである。

直接的意識によって認識される我々の存在のこの内密な構成を、類比（analogie）は他所で、更には至る所で見つけ出させるのである。有機的存在と呼ばれるあらゆるものを我々が知るのは、内的な有機体というこの独特な範型（type）に沿ってのことなのである。それらの存在は、どんなに複雑であろうとも、そしてこの複雑さそのものと対照的により明白な形で、諸運動の原理と目的、よりうまく言うのなら、自らが諸運動の目的であることによってのみ諸運動の原理であるような原因を自らの内に有するものである。そしてそれらはまた、例え最も低い度合いであっても、《神》の如く、そして魂の如く、自分自身の原因であるような諸事物であり、結局は、多少なりとも人格の類似物であるような諸事物である。（PF.300-301）

ここでラヴェッソンは自己の存在構成からの類比によって、自然の事物のうちにも目的を持った自発的傾向を見出している。この傾向は「無限が諸事物を推す内的な発条として、無限が諸事物にのし掛かり、それにより諸事物が動くようにするための錘」（PF.308）として諸事物の中に存する。この傾向によって諸事物は、唯物論的な機械論の説く「盲目的運命」ではなく「或る全く神聖な《摂理》」（ibid.）に自発的に服する。自己と同様、自然は有機的統一を志向する生きた意志として認識されている。

類比といえばアリストテレスやトマスにおける如き存在と説明方式における比例関係に基付いた推論を想起する。だがこの脈絡でラヴェッソンは両者の名前を出していない。但し別の箇所にて彼は、生命は元来魂に由来するものとして「或る一つの目標への傾向」を備えているというアリストテレス（並びにプラトン）の所説を好意的に持ち出している（Cf. PF.222-223）。ラヴェッソンはこうした傾向すなわち意志の見出される範囲を無生物にまで拡張しているものの、この説から先の引用を鑑みれば、彼の言う類比はかの綜合に基付いて自己意識と自然認識の間で成立する〈意志経験の類比〉であると言える。何となれば、非物質的で目的論的な傾向を内密な意識において見出す綜合は、実在の形而上学的な構成を直に意味していたからである。そこから考えれば、自然認識において見られるかの目的論的な範型もまた、それ自身が意志的な綜合として、実在つまり意志であることになる。しかもこのような意志の範型を見る場は他ならぬ自己の魂であるから、自然には「精神の反射ないしは放散」(PF.310)として実在性が認められることになる。かくして、自己から自然への類比は綜合において形而上学的根拠を持つと言えるのである。

自然の目的論を考察する際に彼が跳躍台とするのは、『実験医学序説』で知られる生理学者クロード・ベルナール(Claude Bernard, 1813-1878)が生物の本質として提唱する「指導理念(idée directrice)」(PF.179)説である。「有機的理念」「創造的理念」とも言い換えられるそれは、例えば卵から鶏が孵る場合のように、各器官を要素に解剖して分かるような物理学的或いは化学的説明には還元出来ない進展を説明する原理である。ラヴェッソンの叙述によれば、ベルナールは、有機体において起こる現象それ自身は他の無機的な現象と同じく物理化学的な現象に還元出来ると考えていたが、生物においてそれらの現象が形成する「全体」ないし「秩序」(PF.178)は物理学や化学では説明できないとした。更にラヴェッソンによれば、帰納が結局のところ「暫定的で条件付きの演繹」でしかないということ、そして、或る事実についての言明から類似した別の事実についての言明へと移行するとき、人は知性の内的構成と同一視される「アプリオリな公理」「真の生得観念」(PF.174)に依拠していることをベルナールは説いたという。ラヴェッソンはこの点もまた高く評価するが、ここで言う帰納と演繹の対比は先に見た分析と綜合の対比に対応するだろう。彼はこれを推し進めて、現象の継起は物理的因果によるとするベルナールの「高次の決定論」を棄却し、調和的全体による「全く別の決定論」(PF.180)を主張する。[7] つまるところ彼は、ベルナールの目的論的な思惟の側面を評価した上で、その範囲をベルナールがそれと分けた現象そのものの領域にまで拡張するように読み替え、ベルナールとは逆にこの思惟の方を実体と捉えるのである。後年には、盲目的意志を原因として全ての現象が生起するとしたショーペンハウアーの名前を出し、指導理念を「無意識の、或いは不分明に意識的な想像力によって導かれる運動意志」(TP.60)に還元する。ラヴェッソンが理念の思惟に実在性を認めていることがここからも伺える。

彼によれば、有機体の範型は美として経験される。「美学は道徳と同じものになるということの原理において考察すれば、美学は哲学そのものである」(PF.287)とまで彼は言い切る。美とは「魂の原動力」、「魂が愛して意志するように、すなわち働くように、すなわち生きるように、すなわち存在するようにするもの」(ibid.)であり、善や愛の目的論的な形而上学を感性的経験の中で裏付ける意志的な経験なのである。しかもそれは主客未分である。というのも次に引くように、彼は自己の意志と同様、美を魂の根底をなす心情（cœur）において見出すのである。

> 実際、美を全く物質的で感覚的な心地よさへと貶めてしまうことを恐れて美をあらゆる観念から切り離す諸理論に反して、一切の美しいものの明白な特徴は、我々を悦ばせること、しかも言い古されてはいるが実にもっともな表現によれば、我々を幻惑し、我々を魅了するような或る秘密の魔法によるかのように我々を喜ばせることではないか。この魅力（charme）は、とりわけ優美（grâce）と呼ばれるものの内に見出される。そして知性の未だ外的な領域を超えたものとして、魂そのものに至り、心情を揺り動かすこの優美とは、感覚を持たない物質や、大きさや、大きさを秩序付ける形相に由来するものではなく、心情そのもの、言わば魂の根底に由来するものだと思われないだろうか。（PF.285）

ここで「大きさ」と呼ばれるものはカントが第三批判で言う崇高に対応するものである。ラヴェッソンは「大きさの原因」を「力能（puissance）」（PF.286）に対応すると規定する。他方で「美そのもの」の方は、それを趣味判断としたカントとは異なり、「秩序の原因」たる「知性」（ibid.）に対応するという。これは前節に見たように、ラヴェッソンにおいては知性が直接的意識の反省による実在の把握を司るからであろう。しかし、感性的な魅力を生む優美は両者よりも一層根源に位置する。この柔和な「神的な美」は、畏怖を催す崇高ではなく、優しさと平安を備えた「全く超自然的な高次の崇高」（ibid.）を原理として形成されるのである。この崇高は、神的な善と同一視される「愛」に対応するが、仏教や福音書において見出される「自己犠牲の崇高」（ibid.）であると形容される。

何故に自己犠牲なのか。ここでラヴェッソンの言葉を補いながら考えてみたい。前節で検討したように神は純粋に現勢的な絶対的完全性である。しかし神の存在だけでは全てが完全に現勢的になってしまうため、潜在性という否定的なものを含んだ「感性的現象、世界、自然」（PF.315）すなわち傾向が現にあることは説明できない。従って、神がその「意志的決定」（PF.317）によって自己の存在の無限な完全性を「言わば廃して無化し」（ibid.）、それを「時間と空間という物質性の基礎的条件」（ibid.）の中へと弛緩させ、拡散させて展開することであらゆる存在者を生み出したとしか考えられない、とラヴェッソンと論ずる。[8] 彼が「自己犠牲」と呼んでいるのはこの存在流出である。有限者たる我々から見れば、この事態はまさに恩寵（grâce）と呼ぶに相応しいだろう。反対に優美（grâce）は、神を分有する世界から神の無限を見上げるよう仕向ける魅力を示すことになる。[9] つまり、世界の存在は神の犠牲を原因とする。自然とは自ら進んで有限化した神だと言える。ラヴェッソンの弟子ブートルー（Émile Boutroux, 1845-1921）はこのような神の献身を「自己贈与」と呼んだ上で「世界の生は神の死から生まれる」[10]と形容するが、極めて的確な評言である。

以上のようにラヴェッソンは、自己と自然の類比が意志において成り立つとした上で、その在処を優美の心情に見出した。その優美は超自然的な崇高によって成り、神の自己犠牲という全存在の原因を示していた。しかし、優美は具体的にはどのような形をとるのか、また何によって掌握されうるのか。

3 自然から芸術へ

ここからは最晩年に残された『哲学的遺書』を主として検討する。

同書の表現に従えば、優美とは「自然を、そして、善良さ（bonté）とそれが由来するところの神性の度合いを知り、表現出来るようにする手段」（TP.79）である。ここから「神は優美のうちにおいて心情で感じられるようになる」（TP.80）とラヴェッソンは言うが、優美とは具体的に何であろうか。

彼によれば、優美なものは「うねり（ondulation）」、或いはレオナルド・ダ・ヴィンチの言葉に倣えば「蛇行（serpentement）」であり、ミケランジェロの言うようにあらゆる形は「蛇のようにくねくね（serpentin）」（TP.77）している。彼はその例として、光や動物（とりわけ「肢体を潜勢態においてしか持たない」ために別の運動で動く蛇）の歩行、人間の歩調などを挙げている。彼はうねりを「優美の線」と呼び、「愛に本質的な放棄（abandon）と献身の自然な表現」（TP.77n）であるとする。肝要なのは、うねりが「まるで己を放擲するように、舞い上がって低まる波」（ibid.）という、上昇と下降に二分化する運動であると言われていることである。

このabandonという語には他に「信従」や「安楽」という意味もあり、ここではそれも含意するだろう。だが同時に、献身と並置してあることから、放棄は先に論じた「犠牲」に連なるように思われる。実際急に止まったり屈折したりせずに連続する滑らかな曲線にも「弛緩」や「緩み」（TP.77n）があり、それが先の放棄や献身に照応すると言われる。優美は恩寵の表現だとすれば、これら弛緩や緩みは神の自己犠牲の現れである。うねりとは、「放棄＝信従の目に見える形での翻訳」（TP.76n）なのである。

彼はうねりの原理を、「繰り返され、間歇的に切られた運動」（ibid.）と論ずる。これは生命の「リズム」（TP.74）、それも〈良きリズム〉である「均整（eurythmie）」（ibid.）と換言出来るだろう。心臓の「鼓動、それは上昇と低下、上ニ（*sursum*）と下ニ（*deorsum*）であり、言い換えれば覚醒と眠り、生と死である」（TP.76）と彼は言う。また彼は鼓動だけでなく流体一般の振動やさざめきもこのような二分化する波として考える。ここから、優美において捉えられる存在はリズム、すなわち弛緩や死という潜勢態へと自己を投げ出しつつ働く生命の現勢態であると言えよう。現勢態からの潜勢態の、一から多の、すなわち目的因からの作用因の絶えざる分化こそが、うねりの自然の発生である。

このように『哲学的遺書』の自然哲学は、神的な目的へ向かう生命のうねりとして世界を説明する目的論的進化論である。そこでは「未来のための現在の犠牲」、世代交代による「生のための死」という〈自然のリズム〉が全てを支配する。自然はこのリズムに乗って「諸々の異なる種の継起的な産出」を引き起こし、ラマルクやダーウィンの言う如く「遺伝」によって世代から世代へと「段々と完全になる諸々の種」（TP.61）を産出する。この〈進化〉は、「完全な美のイメージ」である「人間種の出現」を目的として先取りして目指す「まさに美的な進展（progrès）」（TP.67）である（ラヴェッソンは進化（évolution）という語をこの文脈では用いない）。

また生殖という別様なリズムもある。生殖では、「婚姻によって統一され、愛の影響の元で新しい統一を再構成するような両性への二極化」（ibid.）が形作られる。愛とは「婚姻のための二極化」（TP.79n）であり、自然の美の出処である。従って美的な進展とは、統一が自己犠牲によって二分化し、低次の種から高次の種までを次々と創造する一連のリズムを意味する。

この過程の中でラヴェッソンが美の基準とするのは、博物学者ジョフロワ＝サンティレール（Étienne Geoffroy Saint-Hilaire, 1772-1844）の言う「有機的構成の統一」（TP.72）である。これは前節で論じたベルナールの「指導理念」に匹敵する扱いを受けている。ラヴェッソンによれば、人間が最高の美として標榜されるのは「諸器官の間での仕事の分割」のみによるのではなく、「その分割が可能ならしめる行動の協調」によって「自由」（TP.67）が発展していることによる。他の種は、人間に至るまでの途上である不完全な形であってその分短所を抱えてはいるものの、これもやはりジョフロワ＝サンティレールの言う「諸器官の均衡」（TP.72）によってその短所を埋め合わせ、部分的に美を獲得している。それゆえ全ての種のあらゆる個体もまた、如何なる変更をも想像だにさせない「その有機組織の完全性」（TP.68）において、考えうる限りの美を実現しているという。

またここでラヴェッソンは、「個体発生は系統発生の短縮された急速な反復である」というヘッケルの反復説についてその名前は出さずに論じている。彼はこの「発生加速の法則」（TP.70）について、「準備或いは抱卵には、有機組織におけるそれより前の諸段階の継起を思わせるような諸状態を経ていく一連の変態（métamorphose）がある。それはあたかも、発生力（force génératrice）が自らの過去の仕事の全てをよりよく行うために回想しているかの如くである」（ibid.）と述べている。「種の進展」とは、この回想が豊かになること、換言すれば「どんどんゆっくりになる出産の継起」（ibid.）を通じて、自然が人間という目的へ近付いていくことである。

今見た如く、自然は美へ直接向かうのではなくその起源である創造的な愛へ向かう。自然を美的に認識するのは、自然の進化の目的である人間の魂の仕事なのである。この仕事を果たすものこそ、美学＝哲学の手引としての芸術に他ならない。

ラヴェッソンによれば、芸術は「生の再生」（TP.83）を対象とする。芸術は、（不完全なものにとどまる動物の例に見られた如く）「逃れ難い不完全性を伴った現実」の代わりに、通常少なからず完全性を阻害している障害を取り除き、かの「傾向」という真なる「自然の意志」（TP.83）を純化して見せる。この意味で芸術は「自然の模倣」（ibid.）である。但し、模倣といっても現にある自然ではなくあるべき自然を模倣するのであり、スピノザの表現を借りれば「所産的自然」ではなく「能産的自然」（ibid.）を対象にする。

線のうねりを優美の極致と考えることからも予想出来るように、ラヴェッソンが芸術の中でも最も重視するのはデッサンである。何故ならデッサンを学ぶことは、「ものの魂」すなわち「塊が際立たせる形態学的な原理」（TP.91n）を摑むことに他ならないからである。従って芸術は分析ではなく綜合、すなわち「全体と原理の考察」（TP.92）である。

それゆえに彼は、「魂と神的精神の豊穣な結合」という全体および原理の「神秘」（TP.90）が芸術美の産出だとする。そのような「まずは芸術の傑作との、次に自然の傑作とのたゆまぬ交流によってなされる純化」（ibid.）の体験が、芸術美の「イニシエーション」（ibid.）として必要だと彼は力説する。そしてこの見地から、デッサンを「少なくとも表向きは幾何学の上に基礎づけられた学の一種」（TP.90）に還元したペスタロッチの教育法を批判する。ペスタロッチは生物のような複雑なものであっても事物の輪郭を幾何学的な直線と環状の線に還元せよと教えるが、それではものの形を歪めてしまうとラヴェッソンは言うのである。

反対に彼が巨匠達の方法として認めるのは、まず全体と原理を把握し、次にその全体を見つつ段々と「進展する分割」（TP.94）に従って細部へと下る、という有機的な方法である。これは第一節で論じた哲学的な綜合と全く等しい。但し芸術においては単に認識に止まらず、実際の模倣が重要である。よってこの方法の内実となるのは、モデルの「蛇のようにくねくねした線」（TP.98）を見付け、それを真似ぶことである。その際良きモデルとなるのは、「全体と部分が相互的な愛によって浸透し、そしてその結合が自発的であればあるほどそれだけに美しくなるようなもの」（TP.95）、つまり生物である。中でも肢体の相対的な独立が「可能な限り動的」に進んでいる「人間」（TP.96）こそがモデルとして最良なのは、論の道行から容易に理解できよう。このように我々は、芸術を通じて類比を成立せしめる美の類型を学ぶ。芸術こそ優美を認識する最良の方法なのである。ここでは線の優美と神の恩寵が重なる。「形而上学と道徳」の末尾でラヴェッソンはこう言う。

至高の美とは恩寵＝優美であり、それは運動に属し、そしてその放棄＝信従において愛の表現であると同時に愛の可感的な形象である。まさに美があるような調和的な均整が前もって必要とされるのは、恩寵＝優美が可能となるためなのである。（MPM.190-191）

かくして神の自己放棄はそのままに可感的な運動の優美として現れる。全ての存在は神の「高邁なる寛大さ」（MPM.191）によって生まれ、神が据えた「徳」（ibid.）に従い神へと遡行する。「一曲の音楽」（TP.73）に比せられる自然のメタモルフォーゼは、そうした目的論的な進化の美的なリズムであった。芸術はその優美を我々に教え全自然を開示する点において、哲学のオルガノンだと言えよう。

4 高邁なる精神

しかし、ラヴェッソンにとって美は全てではない。美は善良さ、つまり愛を存在理由としていた。高次の美を追求するならば、類比を超えて魂自身が美となり、完全性の範型そのものとならねばならない。そのように「人間の身体の美よりなおも高い美、すなわち魂の美」を扱う「至高の芸術」（TP.99）とは、ストア派の言う「生の芸術」（TP.107）すなわち道徳である[11]。「魂の美」を目指す道徳は芸術以上に心情に直接関わる。美を感得する心情は、そもそも「道徳的秩序に属するものに対する、すなわち情感、意志、それらの根底である愛に関わるものに向けられた感情（sentiment）」（MPM.186）である。しかもこの抗い難い心情こそ、目的に達するという意味で「あらゆる学が終わるところ」（MPM.185）だと彼は言う。

ところで「あらゆる学」だとすれば哲学のみならず、そこから派生した他の学も同じ道を辿らねばならない。ラヴェッソンにとって美学は「学の松明（flambeau de la science）」（TP.82）である。デカルトが『方法序説』の中で考えたように細部から始めて全体へ行くにせよ、恣意的な切断ではなく条理ある分節に従って分割を行う必要がある。それゆえまず「全体の視野」（TP.81）すなわち美から始めなければならない（デカルトもそれを否定してはいないとすらラヴェッソンは述べる）。彼は「宇宙論と呼ばれうる領域に関係する諸学」である「化学、物理学、数学ですら」量のみならず「秩序」（TP.82）を対象にすると言う。『報告』において「秩序」が有機的構成を意味していたこと（Cf. PF.286）と（Cf. PF.178,298）、その原因が美であったことを想起すれば、自然学もまた美の目的論的な認識に帰すると考えられる。学とは道徳と切り離された幾何学のような「論理的必然性である絶対的必然性」の認識ではなく、「適合の理由」すなわち「道徳的必然性であり、自由と和解するような相対的必然性」（PF.306）の認識なのである。ラヴェッソンはこのような必然性を持った「賢者」について次のように論じる。

賢者は、善を択ぶ時に、誤りなく、しかも同時に最も自由な意志によって、善を択ぶのである。それは恐らく、善、或いは美は実際のところ愛、すなわち全く純粋な有様における意志に他ならないからであり、そして真の善を望むことは自己自身を望むことだからである。（ibid.）

ここで、真の善、美、愛を望むことは「自己自身を望むこと」と等しいと言われている。ここから考えれば、賢者の自由な選択とは、自己の最善なる意志が自身を意志すること、つまるところ目的論的な形で自己自身の存在原因であろうと意志することを意味する。そして真に自己原因であるものは他ならぬ神なのだから、このことは畢竟神を真似ぶことである。ここに哲学と美学と道徳の一致が看取される。

　だとすればラヴェッソンが道徳に込める含意は、単に自己原因となることを目指すにとどまるまい。優美な運動を彩る放棄が、つまり自己犠牲に至る神的な徳がそこに加わらねばならない。「形而上学と道徳」で彼は道徳的な義務について、「神に似ること」、神が自己を与える如く「我々を与えること」であると考え、更にこの最高の法則を「高貴さ」或いはデカルトの言う「《高邁》（Générosité）」（MPM.187）と呼ぶ。デカルトによれば高邁な人とは己を諸事物から独立した自分自身の主人足らしめる自由意志の意識を持っている人を指すが、ラヴェッソンはこの規定に対し、より高次のものに由来し、かつエゴイズムのような自分自身の個体性から己を解放する意志を附加する。「愛」や「友情」（MPM.188）とも言い換えられるこの道徳的理想、すなわち、自己を苛む悪には気を払わず、代わりに他者を苛む悪には鋭敏な「大度なる者（magnanime）」（ibid.）が備えるこの自己贈与こそ、形而上学と道徳的実践の一致する点である。この理想こそギリシアやローマの文明、中世の騎士道、そして「弱者達に身を捧げること」（ibid.）を特別な役割としたフランス王などが（そして「高邁」の徳を訴えたデカルトが）提示してきたものであるという。このように、高邁という「魂の偉大さ」を備える者こそ「英雄（héros）」（TP.14）である。英雄とは、神の自己犠牲を真似び、自己自身の主人たると同時に自己を世界のために捧げる存在、言わば半神的な存在である。実際ラヴェッソンはヘラクレス、テセウス、アキレスなど神話の英雄を例に挙げている。

　このような英雄の心情は哲学の内容そのものに直結する。何となれば「英雄の心情が予感したもの、諸宗教が詩と預言の言葉の中で教えたもの」（TP.66）こそが、哲学が魂の内的生命の中に掴みとるもの、自然が感性的な現象の中に繰り広げるもの、すなわち優美なる愛だからである。英雄達は「諸事物と人間の運命」（TP.20）について平凡な弱き人々とは全く異なる考え方を持っていた、とラヴェッソンは言う。

　これらの選良或いは純血種の人々は、デカルトが、そして彼の後のライプニッツが高邁なる人と名付けるであろう者たちである。彼らにとって、それぞれの人間は魂を持ち、そして他の全ての魂に対して共感的であるというのがその魂の特徴である。そしてそれら他の全ての魂の中に、自分自身において以上とまではいかなくとも同じだけ存在するのがこの特徴である。このようにして魂は、複雑な単純さ、或いは多様な単純さとでも呼ばれうるものなのである。（ibid.）

ここでは、人間の魂同士がそれぞれ全き個体でありながら共感で繋がり、全体として有機的な秩序をなしている様が描かれている。この見方が高邁なる英雄の自己犠牲に由来するとすれば、道徳は、神が自らを与えて世界を創造したことを真似びて自らを与え、今度は自らが世界に秩序を創造しようとする営みを意味するだろう。美の類比は、自らが善という目的そのものになるための修錬だったのである。

芸術を手引として自然の生を再生した如く、このような昔の英雄達を「原型（prototype）」として自然と神性の結合を「再生する」（TP.109）ことが哲学の目的である。形而上学は優美＝恩寵をただ享受するのみならず、英雄達が持っていた「名誉と同情、美と善良さ」という「英雄的理想と呼びうるものの実現」（MPM.190）を目指さねばならないのである。名誉が純化されて同情へ向かい、美が自らの原因である善良さへ向かうように、形而上学もまた傾向ないしは運動となった潜勢態からその源泉たる作用＝行為（action）の現勢態を目指すのである。終極への進行を初めから含んだ原因、つまり作用因を含んだ目的因であるこの作用から始まり、認識の過程を経て自らも行為（action）へと向かう点において、形而上学は道徳に一致する。

無限なる神はその完全性を犠牲にして有限なる自然へと転生した。そして英雄達は、神の如き自己犠牲のために純化された魂の偉大さを持つことで自らが神にならんとした。哲学とは、往時の英雄達が「未だ哲学することなしに」（TP.14n）知っていたこの偉大さを、内密な意識において知的に直観し、自らも英雄ならんとする営みに他ならない。芸術を範とした自然の目的論的認識すなわち優美の認識は、魂をこの偉大さへと導くものであった。このように、「活き活きとした生ける実在、動く魂、炎と光の精神」（TP.120）を、分析的な悟性によってではなく心情によって綜合的に捉える「英雄的哲学」（ibid.）こそがラヴェッソンの哲学なのである。

以上、本稿の論述は、神の自己犠牲によって生まれ、人間へと向かい進化して来た自然史から、神にならんとする英雄達が紡ぐ世界史までを貫くこととなった。だとすれば先の生ける実在はこの大いなる歴史を指すのではないか。この歴史は「《神》からの離脱、《神》への還帰、大いなる宇宙的円環の終結、普遍的平衡の復元」（TP.120）という「魂の歴史」（TP.66）となるはずであるが、この余りに壮大な問題は別稿に譲り、ひとまず擱筆とする。

凡例

ラヴェッソンの著作の引用に際しては以下の版を用いた。引用は当該箇所を「」で示した後に（略号，頁数）を付記した。

PF. *La philosophie en France au XIXe siècle*, Paris, Fayard, 1984.

MPM. *Métaphysique et morale*, Paris, PUF, 1999.

TP. *Testament philosophique*, Paris, Allia, 2008.

注

（1）Henri Bergson, *La pensée et le mouvant*, Paris, PUF, 2009, p. 280.

（2）なお最も著名な『習慣論』については既に別稿にて扱っている（Cf. 山内翔太「裂開する唯心論：ラヴェッソンとの比較からみたベルクソン」『宗教学研究室紀要』第一三号、京都大学文学研究科宗教学専修、二〇一六年、八四頁―一〇六頁）。ここで議論した『習慣論』において単に言及されるに止まった恩寵と自然の関係について、本稿は grâce という語に優美の含意が加えられる後年の著作から構造的に掘り下げる。

（3）この種の主な研究として次の書がある。Cf. Dominique Janicaud, *Ravaisson et la métaphysique. Une* généalogie du spiritualisme français, Paris, Vrin, 1997.

（4）ラヴェッソンは、認識とは感性的経験を「統合すること（réunir）」であるとしたカントに対し、メーヌ＝ド＝ビランがその統合の根拠として「作用」や「意志」を見出したこと、更にアンペールがそこに「関係」を付け加えたことを評価している（PF,68）。

（5）Immanuel Kant, *Kritik der Urteilskraft*, in *Kant's gesammelte Schriften*. Herausgegeben von der Königlich Preußischen Akademie der Wissenschaften. Band V, Berlin, G. Reimer, 1908, S. 182-183.

（6）クーザン（Victor Cousin, 1792-1867）編集の『メーヌ＝ド＝ビラン著作集』（全四巻）はその編集の粗雑さで知られるが、『報告』執筆時のラヴェッソンは恐らくこれを読んでビランに言及していると思われる。彼が編集した『直接的覚知』には、例えば以下のような一節がある。「自我（moi）と同一視されるような人格的個別性を構成する活動的で自由な力について言えば、この力は内的直接的覚知という意識の光の直接的な光線によってそれ自身で知られ、そして明らかになる。その力は、能動的思惟によって反省された光、言い換えれば、自分自身およびその活動性の潜在的原理へと集中した光によって益々明らかになるが、そのことは潜在的力から実効的力への移行において、すなわち、自らを表現し、その表現の前にも最中にも後にも存在するような、持続的な原因或いは力の産物として運動が感じられたり知覚されたりする意志的作用において、なのである」（*Œuvres philosophiques de Maine de Biran*, tome 3, édition de Victor Cousin, Paris, Ladrange, 1841, p. 24）。なおこの箇所の直前では、ベーコンの「Ratio essendi et ratio cognoscendi idem sunt（存在根拠と認識根拠は同じである）」という言葉が引かれている。

（7）ラヴェッソンは『哲学的遺書』にて、「指導理念」を「有機組織の建築術の中の均整と形態」と規定する。彼はそれを、モンペリエ学派の「生命原理（principe vital）」や自らの『習慣論』の議論を踏まえ、「心理学から魂を除外する人々の語るように気紛れに従って働くのではなく、習慣なり固定観念なりに比すべき生得的想像力に応じて働く魂」（TP, 58n）と同一視している。

（8）ラヴェッソンは、恩寵から想起されるキリスト教神学に限らず、老ヘラクレイトス、ストア派、後期プラトン主義、更には古代オリエントの宗教、ギリシアの秘儀やインドの神学、ユダヤの神智学にも「神の降下」を見出す（PF.317-318）。

（9）神の犠牲を存在論的根源として読解する点に関しては以下の研究に大きな示唆を受けた。Cf. Andorea Bellantone, « Le sacrifice comme horizon de l'être : Ravaisson », dans : Jean-Louis Vieillard-Baron (dir.), *Le Supplément d'âme ou le renouveau du spiritualisme*, Paris, Hermann, 2016, pp. 89-103.

（10）Émile Boutroux, *Nouvelles études d'histoire de la philosophie*, Paris, Alcan, 1927, p. 210.

（11）なお造形芸術と道徳の間に、ラヴェッソンは「古代ギリシアで舞踏法（orchestique）と呼ばれるダンスの芸術」（TP.99n）を位置付ける。造形芸術が形態を生み出すとすれば、ダンスはそれが達成する運動を生み出し「魂の運動」（ibid.）を真似ぶので、より道徳に近いのであろう。

超限と無限

――カント及びカントールを経由するラズロ・テンゲリのフッサール論(1)

長坂真澄

本論考は、ラズロ・テンゲリ（テンゲィ・ラースロー、László Tengelyi）の晩年の業績である、フッサール現象学を現象学的形而上学として提示する試みを、彼の遺作『世界と無限』第三部に依拠し、「超限（das Transfinite）」と「無限（das Unendliche）」という概念に着目することで、明らかにするものである。

カントは、『純粋理性批判』超越論的弁証論において、無限（無制約者）の認識を標榜する理性を、超越論的仮象に陥っていると批判したが、フッサール現象学の注目すべき特徴の一つは、そのように哲学（史）的に問題含みの無限の認識を肯定する点にある。たとえば彼は「物」は「カント的意味における理念」すなわち無限の統一性の理念であるとし、それが、感性的直観の対象ではないにしろ、範疇的直観の対象であると言う。ここで、このようなフッサールの現象学は、カントの警告に反して、無限の認識を標榜するという超越論的仮象に陥っているのではないか、従って独断的形而上学へと逆行しているのではないのか、という疑問が提起されうる。リクール、デリダ、また何よりも、テンゲリに大きな影響を与えたリシールのフッサール読解において、こうした疑問の提示が見受けられる(2)。リシールによるこうしたフッサール批判に精通していたテンゲリは、これに対して、フッサールが馴れ親しんでいたと推測される、カントールの超限集合論を経由することで応える。その際彼は、フッサール現象学が無限についての形而上学であることは、全面的に認める。しかしそれは、古典的な形而上学におけるような存在神学的形而上学[3]ではなく、現象学的形而上学[4]だと言うのである。

ここで、なぜカントールの超限集合論なのか。さしあたり外面的な理由としては、フッサールがハレ大学勤務時代に、カントールと議論する機会が多くあったこと、フッサール自身が、超限についての言及をしていること[5]などが挙げられる。しかし、より本質的には、テンゲリがカントールを経由することには、次のような意味があると思われる。カントールは、アリストテレス以来の伝統に反して、実無限を規定可能なものとして数学的に取り扱うことができることを示した最初の人物である。カントールはカントの超越論的弁証論を非難し、人間理性は認識を或る種の無限、すなわち超限にまで拡張できるとした。ただし、カントールは、あらゆる無限が超限として規定可能であるとは考えなかった。彼は、規定不可能な絶対無限を認めるからである。このとき、超限は、有限と絶対無限の間に位置することになる。こうしたカントールを経由することで開けるのは、カントの禁止に反して、無限に対する認識を或る程度まで拡張してもよいのではないかという見方である。それは、哲学の分野において、フッサールが直観概念を拡張し、「カント的意味における理念」の直観を語る姿とパラレルをなすのである(cf. WU536)。ただし、テンゲリは、フッサールの無限概念をカントールの超限概念と等置するわけではない。テンゲリが示そうとしているのは次のことである。カントールの超限集合論は、いまだカントの批判(無限を認識するという標榜に対する批判)を克服しえない。それどころか、カントールは、自らの試みをもって、無限を規定しようとするならば、カントの語るアンティノミーに陥らざるをえないことをあらわにするのである。それに対して、フッサールの「開かれた」無限概念は、カントの批判に耐えることができる。それが、テンゲリが示そうとすることの眼目であると我々は考える。

本論考は、この議論を明確にするために、以下の三つの段階を辿る。まず第一節で、実無限の認識を標榜する存在神学的形而上学をカントが批判する際、「網羅的規定(durchgängige Bestimmung)」[6]の原則が参照されていることを確認する。次に第二節で、カントールがカントに反して超限の概念を数学に導入するとき、まさにこの網羅的規定の原則が前提されていることを、明らかにする。最後に第三章で、テンゲリが、網羅的規定を前提としない仕方で、フッサールの無限概念を考察していることを論じる。

1 実無限の認識を標榜する哲学に対する カントによる批判――網羅的規定の原則

カントの議論に入る前に、歴史的背景を概観したい。アリストテレスは無限を「可能態(δύναμις)」におけるもの――仮無限(可能的無限)――と「(完全)現実態(ἐντελέχεια /

ἐνέργεια)」におけるもの――実無限（現実的無限）――とに区別し、さらに「付加（πρόσθεσις）」において出現する無限と、「分割（διαίρεσις）」において出現する無限とを区別した（cf. Φ Γ6 206a 14-16;WU496）。その上で彼は、実無限は存在しないとし、分割における仮無限のみを認める。[7] しかしながら、他方でアリストテレスは、「動かされずに動かす者（τι ὃ οὐ κινούμενον κινεῖ）」――すなわち「無限の力（δύναμις ἄπειρος）」を持つ神――は「現実態（ἐνέργεια）」であるとし、これを措定することは「必然（ἀνάγκη）」であるとした（cf. M Λ7 1072a 25-26, 1072b 10, 1073a 7-8;WU475）。アリストテレスは量的・数学的意味において実無限を否定するが、動的・形而上学的意味においては、実無限を否定しなかったのである。テンゲリによれば、この意味の区別はプロティノス、トマス・アクィナス、ドゥンス・スコトゥスを通じて保持されてきたが、こうした歴史を打ち破ったのが、クザーヌスであった（cf. WU475ff.）。クザーヌスにおいて、神が動的・形而上学的意味においてだけでなく、量的・数学的意味においても無限（「絶対的に最大なるもの（maximum absolutum）」）と捉えられることとなる（cf. WU477）。

カントによる超越論的仮象の批判は、このように量的・数学的に理解された実無限の批判として捉えることができる。誤謬推論、アンティノミー、超越論的理想のそれぞれは、被制約的な現象に対して無制約的なものの概念の規則を適用することによって生じるものであると考えられる。よく知られている第一アンティノミーの批判的解決の箇所で、カントは次のように言っている。「もしも『世界は量的に（der Größe nach）無限である』、『世界は量的に有限である』という二つの命題を、相互に矛盾対立したものとして見るならば、人は、世界（現象の全系列）が物それ自体であると想定しているのである。〔……〕しかし、私がこの前提を捨て、つまりこの超越論的仮象を捨て、世界が物それ自体であるということを否定するなら、二つの主張の矛盾的対立は、単なる弁証的対立へと変貌する〔……〕」（KrV A504f.;B532f.）。カントは、こうした超越論的仮象を、「物自体の条件としてのみ通用するような、絶対的な全体性（absolut[e] Totalität）の理念を、現象に適用したことから生じる」ものであると説明する（KrV A506;B534）。テンゲリはそれを次のように言い直している。「アンティノミーは、無制約的な全体という概念を、諸条件のそれ自体では不完全な系列に適用することから生じる」（WU459）。数学的・量的な意味において、感性に与えられるものとしては、我々には（そのつど有限であるような）仮無限しか与えられていない。にもかかわらず我々は実無限を想定し、実無限の概念の規則を（有限としてしか与えられていない）仮無限に適用しようとするのである。

さらに我々は、「純粋理性の理想」の章に着目したい。というのも、この章においてカントは、無限を認識するという超越論的仮象の問題を、ライプニッツに由来する「網羅的規定

(omnimoda determinatio) の原則[8]」と結び付けて論じているからである。これは、「『すべて現実に存在するものは網羅的に規定されている』(*alles Existierende ist durchgängig bestimmt*)」(KrV A573;B601) という原則である。カントはこの原則を、概念における（論理的な）規定と、物における（存在論的な）規定を区別する指標として導入している。概念は矛盾さえなければ可能であるが、物が存在するためには、単に矛盾がないというだけではなく、網羅的規定の原則に従うのでなければならない (cf. KrV A571;B599)。つまり、物が存在するとは、この物が持つかくかくしかじかの属性やその程度が、くまなく規定されているということなのである。この規定のための基準となるのが、あらゆる属性の完全性を自己のうちに持つ単一の根源的存在、超越論的理想である。というのも、完全性という基準なしには、物の属性やその程度を規定しようがないからである[9]。つまり、カントは超越論的理想が、物の網羅的規定を可能とするための超越論的前提にほかならないことを明らかにしたのである。それは思考の対象とはなりうるが、直観の対象とはなりえない。つまり、人間理性はそれを実在すると決定することはできない。このことが意味するのは、カントが、アリストテレスによる、量的・数学的な意味における実無限の存在の否定を、継承しているということである。

2 カントールの超限概念と超越論的錯覚

カント以降、カントの批判に対する異論は少なからず提出されてきたが、数学者カントールも、異論を発した一人であった。カントールは、アリストテレスやカントの立場を見直すべきであると主張した[10]。論文「一般集合論の基礎づけ」(1883) においてカントールは、規定可能な超限によって、無限へと「我々の認識の境界を」「さらに拡張しても」よいとする。ここで、超限は絶対無限と区別され、絶対無限の「象徴」であるとされる（GA205 Anm. 2;cf. WU466）。カントールは、カントのアンティノミーは超限と絶対無限の区別を考慮していないと非難する[11]。絶対無限は、カントールにおいても、カントが語る無限（無制約者）と同じく、人間理性がいかにしても認識しえないものである。「絶対者はただ承認され（anerkannt）うるのみであって、決して認識され（erkannt）えない」(GA205 Anm. 2;cf. WU475)。しかし超限までは、認識できるとされるのである。さらに彼は、神を量的・数学的にも無限であるとするクザーヌスを、自らの無限論の先駆者と見なし（cf. GA205 Anm. 2;WU476）、クザーヌスに倣うかのように、論文「超限論についての報告」(1887f.) において、神と「絶対的最大（*absolutes Maximum*）」を等置する（GA405;cf. WU475)。超限はこの絶対者の必然性を「指し示す（hinweisen）」のであり、それを通して「神の認識において可能であることの広い領野を満たす」とされる（cf. GA405）。換言すれば、彼は、神学的・形而上学的信念をもって、量的・数学的実無限を超限として規定するという課題を自らに課すのである（cf. WU438ff. 466）。この意味でカントールの課題は、神の存在証明という存在神学の課題に連なるものであったといえる。

こうした課題の遂行において、根底的な役割を果たしたのが、彼の超限集合論[12]における対角線論法である。この論法は、自然数の集合の濃度[13]に対して、実数の集合の濃度がより大きいこと（$|\mathbb{N}|<|\mathbb{R}|$）を証明したり、あるいは、或る集合に対して、その冪集合（すべての部分集合の集合）の濃度がより大きいことを証明したりするためなどに使用された。その原型は「集合論の或る基礎的な問題について」（1890f.）（GA278-281）に遡る。ここでは第一の例を、ラドリエールの整理[14]に準拠して、簡潔化した形で紹介したい。

この証明は背理法によって成り立っている。まず簡便のために、$0<x<1$であるような実数xに議論を絞り、自然数の集合とこの実数の集合との間に、1対1対応が成り立つと仮定する（これを仮定Hと呼ぶこととする）。このとき実数を数え上げることができるため、それら実数を一覧表として並べることができる（$0.a_{11}\ a_{12}\ a_{13}\ a_{14}\cdots;\ 0.a_{21}\ a_{22}\ a_{23}\ a_{24}\cdots;\ 0.a_{31}\ a_{32}\ a_{33}\ a_{34}\cdots;\ 0.a_{41}\ a_{42}\ a_{43}\ a_{44}\cdots$　a_{ij}は0から9までの整数）。ここで、この一覧表にあるすべての小数と異なる一つの小数を構成する。それは、あらゆる自然数iに対して、一覧表のi番目の小数から、その小数の小数点以下第i番目において異なるような小数（$0.b_1\ b_2\ b_3\ b_4\cdots$　ただし$b_i \neq a_{ii}$　iはあらゆる自然数）である。するとこの構成された小数は、先の一覧表の中にはない数であることになる。とはいえ、これも$0<x<1$であるような実数にほかならない。よって、この数は、右の実数の集合に属しながらかつ属さないという矛盾を生む。ゆえに、最初の仮定H（1対1対応）は廃棄されなければならない。ところで、$0<x<1$であるような実数xの集合の部分集合で、自然数の集合と同じ濃度のものが指定できる。このため、この実数の集合が自然数の集合より小さい濃度を持つことはありえない。しかし今、この実数の集合と自然数の集合の濃度は同じでないということが判明した。それゆえ、この実数の集合は、自然数の集合よりも大きな濃度を持つ。従って、実数全体の集合も、自然数の集合より大きな濃度を持つ（$|\mathbb{N}|<|\mathbb{R}|$）。

さて、このような対角線論法に依拠してカントールは、無限を数学の対象とし、無限集合をその濃度によって比較したり、整列可能な集合として並べたりすることを可能にした。無限は人間の認識の対象となった、もしくはそのように見なされたのである。とはいえ、超限と絶対無限の区別によって、カントールは、真にカントの批判を乗り越えているのであろうか。この問いに否と答えるのが、リシールである。彼は、論文「カントール集合論における超越論的錯覚について」（1986）（IT）において、カントールの対角線論法を援用して「仮象」のパラドクスを構築したリシャールの議論を下敷きに、指摘する。背理法の論拠となる矛盾それ自体が、実は「超越論的錯覚」にほかならない、と。つまり矛盾は存在せず、それゆえ背理法自体がなりたたないとされるのである（cf. IT113）。このリシールの批判を理解するために、一九〇五年に発表されたリシャールのパラドクスを説明しよう。

リシャールはまず、集合Eを次のように定義する。26文字のフランス語のアルファベから、整数p（$p \geq 2$）に対して、p文字ずつ取り出した文字列のすべての配列を書き出す。さて、有限数の文字を用いて書けるすべての文字列からなる表現は、ここで書き出された一覧のうちに見つかるはずである。ここで、数の定義をなさないような文字列のすべてを抹消線で消すと、数の定義でありうるような文字列からなる配列のみが残る。これらは、可算集合（自然数と1対1対応をなす集合）をなす。この集合を、Eと定義するのである。ここで、リシャールは議論を簡素化するために、0と1の間の実数に限って議論を進める。有限数の文字の列によって定義されうる実数をu_nであらわし、その数は小数点の第k番目の桁に数a_{nk}を持つとする（$u_n=0.a_{n1}\ a_{n2}\ a_{n3}\ a_{n4}\cdots$）。このときこの集合に対して、次のような数$N$を形成することができる。整数部分が0で、小数点以下i番目の桁の数が、a_{ii}とは異なるb_iであるような数である。たとえば$N=0.b_1\ b_2\ b_3\ b_4\cdots$（$a_{ii}<8, 9 \Rightarrow b_i=a_{ii}+1,\ a_{ii}=8, 9 \Rightarrow b_i=1$）がそうである。さて、$N$は$E$に属さない。なぜなら、$N$が$E$の$n$番目の数であったなら、小数点以下第$n$桁目に$a_{nn}$を持つはずであるが、第$n$桁目の数は$b_n$であり、それは必ず$a_{nn}$と異なる数だからである。ここでパラドクスが生じる。というのも、有限数の文字の列によって定義されうるあらゆる数の表現からなる集合Eに、Nは属さないながら、にもかかわらず、以上の議論において定義されている以上、集合Eに属するという矛盾が起こるからである。

さて、ここまではカントールの対角線論法と同様の議論が展開されている。ここでカントールの対角線論法であったら、矛盾が生じるため、最初の仮定が廃棄されることになるのであった（背理法）。しかしリシャールの議論はカントールのそれとは異なる方向へ向かう。リシャールは、矛盾は「仮象的」でしかないと言う[15]。つまり、カントールの背理法自体がなりたたないことになるのである。その議論は以下のように展開される。

さきほどNを定義したときに用いた文字列をGとする。リシャールは言う。「Gが占める場所において、Gは意味をなさない」。これは何を意味しているのだろうか。$N=0.b_1\ b_2\ b_3\ b_4\cdots b_m$ として、このmはいくらでも大きくなりうる。当然ながら、Eが網羅的に規定できればNも確定できる。しかしリシャールは言う。Eは「無限数の語（un nombre infini de mots）」（つまり無限数の文字列の列）によってしか、完全には確定されえない。数Nを定義する文字列Gは、Eが「完全に定義されて（totalement défini）」いなければ、つまり、網羅的に規定されていなければ、意味をもたないのである。つまり、実際には、Eは完全には規定されえず、Nの存在は仮象にすぎないと言っているのである。

リシールは問いかける。「〔対角線〕論法によって示される仮定Hの不条理性は、少なくとも、次のような可能性を、私たちに考えさせないだろうか。つまり、可算無限が、まさに完全には規定されえないという可能性である。そしてこの可能性こそ、リシャールが、彼のパラドクスの提示において、考察したことではなかったか」（IT115）。

リシールによれば、そもそも仮定Hは、「直観」の不当な使用に基づいている（cf. IT115）。ここで彼が言う「直観」とは、有限集合に対して我々が持っている「直観」のことにほかならない。有限集合においては、要素の網羅的規定は当然可能である。カントールはこの網羅的規定の可能性を、無限集合に適用している。だからこそ彼は、背理法の論拠となる矛盾を構築することができると考えるのである。ここで先に引用した、カントが第一アンティノミーに関する批判的解決において述べていたことを思い起こそう。超越論的錯覚は、実無限の概念の規則を（有限としてしか与えられていない）仮無限に適用するときに、生じる。リシールは、カントールが不当に前提している網羅的規定を、カントの語る網羅的規定と重ね合わせている。もしも無限集合の要素の網羅的規定が不可能なのであったら、そもそも背理法に必要な矛盾が構成されえない。テンゲリは、こうしたリシールの議論に依拠して議論を進め（cf. WU456, 459）、カントールの超限という考え方は、網羅的規定可能性の原則と結び付いているとする（cf. WU544）。

さて、カントール自身、すでに一八九〇年代終わりには、自らの超限集合論にパラドクスを見出していた[16]。そのパラドクスとは、次のようなものである。すべての順序数[17]のシステムΩを考える。すると、このΩは整列集合[18]であるから、Ωの順序数（Ωに含まれるあらゆる順序数に対して後続するような順序数）が存在する。このことはΩがすべての順序数のシステムであることに矛盾する。しかし、Ωのパラドクスの発見は、カントールを挫くことはなかった。彼は、Ωは「不整合な多性（inkonsistente Vielheit）」（その全要素の共存が矛盾なしには考えられない多性）なのであるとし、この問題を解決したと見なすのである。つまり、実無限には、超限（超限集合）と、絶対無限（不整合な多性）の二つがあるということになる。このことは、上に見た一八八三年の論考と矛盾しない。超限は絶対無限それ自身ではなく、その象徴として機能する。絶対無限は認識しえないものであるが、超限は認識することができる。かくしてカントールは、超限までは我々の認識の境界を拡張してもよいと考えたのである。

しかし、数学に不整合性を導入するカントールの考え方は、無矛盾性を自任する数学においては受け容れられ難いものであった。ツェルメロは一九〇八年に発表した論文で様々な公理を整備することによって、カントールの超限集合論に制限を課す（cf. WU447, 462）。このうち、すべての順序数の集合のパラドクスを排除する意味で最も重要であったのは、分出公理（Axiom der Aussonderung）である。[19] これによって、カントールの超限集合論から、絶対無限（不整合な多性）が排除されることとなる。つまり、カントールの存在神学的な野望、すなわち、絶対無限への架け橋としての超限を規定するという構想は、数学の領野からは除外され、パラドクスを回避するよう制限された集合論が、成立するのである。

3 フッサールの「開性」としての無限概念
——各要素の網羅的規定を前提しない無限の直観

さて、フッサール自身はと言えば、彼はカントールと同様、自然数全体からなる無限集合を、十分に規定可能な無限であると考えていた（cf. Hua XII 219f.;WU449f.）。本節では、テンゲリが、フッサールをカントールの延長線上に位置づけつつ、カントールから差異化することを確認する。それにより、テンゲリは、フランスにおける現象学の読解者たちによってしばしば超越論的仮象に陥っているとされてきたフッサールを、擁護しているのである。ここで議論の軸とされるのが、上に見た、網羅的規定の原則である。

まずテンゲリは、『算術の哲学』が、数を「経験の範疇」として捉える書物であったことを提示している。[20] フッサールにおいて、数の概念は或る具体的な多性の直観に基づく。フッサールは言う。「いかなる概念も、或る具体的な直観における基づけ（Fundierung）なしには考えることはできない」（Hua XII 79;cf. WU514）。しかし『算術の哲学』においてフッサールは、数概念の発生を、つまり範疇の発生を、あくまで心的行為に基づけようとしていたのに対し、『論理学研究』においては、範疇の発生を「行為」ではなく「行為の向かう諸対象」に基づけるという宣言を下す（cf. Hua XIX/2, 668ff.;WU521f.）。かくして、感性的所与を越える対象に、範疇の発生が基づけられるという可能性が開かれることになる。こうした経験の範疇は、範疇的直観の概念が導入されるに至って初めて、現象学が直観の対象として捉えるものとなるに至る（cf. WU530f.）。さらに『イデーンI』は、テンゲリによれば、無限をめぐる現象学の樹立宣言にほかならない。フッサールはここで「物」を「あらゆる側面で無限な現出の連続体（ein allseitig unendliches Erscheinungskontinuum）」、「カント的意味における理念」と名付ける。物は無限の射影の連続体として範疇的直観において観取される対象となるのである（cf. WU534）。

ここで、一九一三年夏における『論理学研究』の修正稿も着目されねばならない。というのも、ここにおいてこそ、範疇的直観が無限にまで適用されることが、次のように明言されているからである。「〔……〕原的に与える直観（Intuition）は無限性を包含することができる。よって明証性もまたそうである。」（Hua XX/1 19g.cf. WU535）。無限は空虚な思考の対象ではない。それは数と同様、経験の範疇なのである。かくしてフッサールが、カントールと同様、カントに反して、或る種の無限に対しては認識が成り立つと主張していることが明確となる。とはいえこの認識の拡張は、全く限界を持たないということでは無論ない。範疇的直観には、感性的直観による「基づけ」を必要とするという「限界（Grenze）」が設定されているのである（cf. WU530）。

さて、このような無限に対する直観という考え方は、特にフランスにおけるフッサール現象学の読解において、カントのいう超越論的仮象に陥っているとの批判を受けてきた。こうした論者のうちでも、突出した綿密さと鮮烈さをもってこの問題を突いたのが、リシールにほかならない。こうした批判に対して、テンゲリがフッサールを擁護するために典拠とするのが、『イデーンⅡ』第三篇の議論である。まずテンゲリは、『イデーンⅠ』においては、フッサールは明確に、網羅的規定の原則を疑うことなく保持していたと認めている（cf. WU542）。しかしその上で、『イデーンⅡ』において、フッサールのこの見方には変革がもたらされると言う。

ここで、議論の文脈を確認しておこう。一九一三年に草稿が書かれたとされる『イデーンⅡ』第三篇でフッサールは、「自然主義的態度」と対立する「人格主義的態度」（Hua IV 183）を導入することで、「物」とは根本的に異なる取扱いを要請する「人格としての精神」（Hua IV 190）を論じる。自然的事物と人格では、まったく異種の「個体性（Individualität）」があるとされる。自然主義的態度において自然的事物を観察するとき、その事物が個体化するといわれるのは、その「何性」、すなわち、その物が持つかくかくしかじかの属性やその程度が規定されることにおいてである。それは——フッサール自身がこの術語を用いているわけではないが——網羅的規定の原則に従っているといえる。対して、或る人格を特定しようとして、その人物が持つあらゆる属性（性別、年齢、性格、体格等）をくまなく並べ挙げたとしても、それによって人格は汲み尽くされない。それは規定不可能な開性を持つ。フッサールによれば、人格としての精神が個体化するのは、人格主義的態度においてのみであり、それは、この精神が「一回かぎり」のもの、「haecceitās（これ性）」を持つからである（cf. Hua IV 298ff.）。フッサールはこの精神を「物」と対置させる。物は、自然主義的にだけではなく、人格主義的にも個体化されうるが、それはまさに、物がこの一回限りの意識の担い手、人格としての精神を「遡示する（zurückweisen）」がゆえにである。「客観的な物性は、物理学的に規定される。しかしこの物性は、〈これ〉としては、意識および意識主観への関係においてのみ規定されるのである。あらゆる規定は、或る〈ここ〉と〈今〉を遡示しており、それをもって或る何らかの主観もしくは主観の諸連関を遡示している」(Hua IV 301)。この意味において物の個体性は、人格に依存的であり、それゆえにこそ開性を持っているのである。フッサールは言う。「〔……〕物は〔……〕一挙に把握できるようなものなのではなく、所与性が構成される状態に応じて、常に繰り返し、新たな諸特性を受け取りうるような、開かれた本質を持っている、そのような何ものかなのではないだろうか」(Hua IV 299)。

物のこうした「開性」は、世界についても語られる。このときに、フッサールは開性の概念を、カントールの超限に対置するのである。「世界の『無限性』とは、超限的無限性〔……〕ではなく、むしろ、或る『開性』なのではないだろうか」。ここで、世界を「超限的無限性」として捉えるということは、世界を「あたかも自ら完結して存在しているような、すべてを包含するような物、あるいは、諸物の閉じられた集合体」であるかのように捉えることだと言う(ibid.)。フッサールは、この超限的無限性に対して、世界の「開性」という意味での無限を対置しているのである。

よって、フッサールの語る無限の直観は、カントールによる超限と異なり、各要素の網羅的規定を前提としない。その限りにおいて、それは、網羅的規定のための基準となる超越論的理想を措定することではない。かくしてテンゲリは、フッサールの無限の現象学を、存在神学的でない形而上学として位置づけるのである。

結論

以上、実無限の認識を標榜することに対するカントによる批判、カントールの超限集合論が陥る仮象、フッサールの無限をめぐる現象学を擁護するテンゲリの議論を、概略的に確認した。これにより、フッサールのカントールに対する親近性と差異が明確にされた。両者とも、或る種の無限を認識の対象とすることができると考えた。ただし、カントールが無限集合における要素の網羅的規定を前提しているのに対し、フッサールは、無限の統一体である物を、人格を遡示するものである限りで、未規定的にとどまるものとする。

しかし、ここで疑問も残る。なぜそのような未規定性を含む開性としての無限を、フッサールは、あくまで仮無限ではなく、実無限(直観の対象)として扱おうとするのか。この問いを投げかけるなら、テンゲリは次のように答えるのかもしれない。この開性は、数学的な実無限ではなく、形而上学的な実無限なのであると。テンゲリによれば、この無限においては十全的な明証性はなく、非十全的な明証性しかないが、それでもこの明証性は、必当然的な明証性にほかならない。実無限の明証性は、その要素のすべてが網羅的に規定できるということを意味しないのである(cf. WU536)。我々はこの想定される答えに対して、次のように考える。確かに物は、現象として、その必当然的明証性を持って我々に現れる。しかし、それを知の対象（範疇的直観の対象）としてではなく、信の対象として——カントが超越論的理想を信の対象と捉えたように——捉える余地も、残されているのではないだろうか。(21)

本論考の議論からはまた、リシールのフッサール批判に対して、テンゲリがフッサールを擁護していることも明らかとなった。ただ、テンゲリ自身は、リシールに対峙する姿勢を打ち出してはいない。むしろテンゲリは、リシールをもまた、実無限を語る現象学者として、フッサールの延長線上に位置づける（cf. WU465）。このような努力から、テンゲリが、相異なる主張をする様々な現象学を、自らの無限をめぐる現象学的形而上学の体系の中に位置づけようと構想していたことが見て取れる。テンゲリは二〇一四年に急逝した。しかし、アリストテレス以来の哲学史を包括的に総観する、テンゲリの現象学的形而上学は、彼の死後出版されたこの書物によって、幕を開けたばかりである。

凡例

引用文中の強調はすべて原文に属す。〔 〕内の付記は引用者による。

Φ: *Aristoteles' Physik*, Hans Günter Zekl (hrsg.), Hamburg: Felix Meiner, 1987.

M: *Aristoteles' Metaphysik*, Hermann Bonitz, Horst Seidl (hrsg.), Hamburg: Felix Meiner, 1989.

KrV: *Kritik der reinen Vernunft*, in: *Akademie-Ausgabe; Gesammelte Schriften, hrsg. von der Königlich Preußischen der Wissenschaften*, Bd. 3, 4, Berlin: Reimer, 1910ff.

GA: Georg Cantor, Ernst Zermelo (hrsg.), *Gesammelte Abhandlungen mathematischen und philosophischen Inhalts*, Berlin: Springer, 1932.

Hua: Edmund Husserl, *Husserliana*, Den Haag: Nijhoff / Dordrecht, Boston, London: Kluwer Academic / Dordrecht: Springer, 1950ff.

IT: Marc Richir, « De l'illusion transcendantale dans la théorie cantorienne des ensembles », *Annales de l'Institut de Philosophie et de Sciences Sociales de l'U. L. B*, 1986, pp. 93-118.

WU: László Tengelyi, *Welt und Unendlichkeit – Zum Problem phänomenologischer Metaphysik*, Freiburg – München: Karl Alber, 2014.

注

（1）本論考は二〇一五年一一月、日本現象学会ワークショップにおける口頭発表「超限と無限：カントールを経由するテンゲィのフッサール論」（要旨：『現象学年報』三二号、二〇一六年、五一頁）を修正したものである（ワークショップではテンゲリの名を「テンゲィ」と表記）。二〇一六年三月、日仏哲学会における口頭発表「無限のアンティノミー：リシールのカントール読解を考察する」（要旨：『フランス哲学・思想研究』二一号、二〇一六年、一一五頁）の内容も一部含む。

（2）リクールの論考「カントとフッサール」（1954-55）（Paul Ricœur, *À l'école de la phénoménologie* [1986], Paris: Vrin, 2004）を参照。デリダは『声と現象』（Jacques Derrida, *La voix et le phénomène*, Paris: PUF, 1967）にて、フッサールの「理想」概念に着目し、カント的意味における理念として問題化している。リシールは『空想・想像・情動性』（Marc Richir, *Phantasia, imagination, affectivité*, Grenoble: Millon, 2004）にて、フッサールの『間主観性の現象学』をめぐる草稿（Hua XIII-XV）の読解に基づき、フッサールが超越論的理想を措定しているとの批判を展開している。

（3）カントは神学を「自然的神学」と「超越論的神学」とに分類し、さらに後者を、根源的存在体の実在を経験一般から導出しようとする「宇宙神学（Kosmotheologie）」と、経験の助けを借りずに導出しようとする「存在神学（Ontotheologie）」に分類した（cf. KrV A632;B660）。この存在神学が取り組むのが、神の実在の存在論的証明である（cf. KrV A590;B619）。特にデカルト（『方法序説』、『省察』、『哲学原理』）の証明が知られる。カントはこのような存在神学を、理性の超越論的錯覚に陥っていると断じた。テンゲリは、カントの議論を踏まえて「存在神学」という語を用いている（cf. WU130）。

（4）フッサールは『デカルト的省察』において、自体的なもの（物自体としての客体）を盲目的に措定する形而上学を独断的形而上学とし、それに対して、現象学的に獲得される「究極的な存在認識」としての形而上学を、自らの課題とする（cf. Hua I 166, 182）。テンゲリは、後者を現象学的形而上学と捉える。

（5）フッサールは『厳密な学としての哲学』において（cf. Hua XXV 52;WU507）、また、本論第三節で確認するように、『イデーンII』において、「超限」概念に言及している。

（6）この語は「汎通的規定」という訳語で知られているが、本稿では、「属性やその程度がくまなく規定されている」という意が伝わりやすい「網羅的規定」という訳語を採用した。詳しくは第一節を参照。

（7）Cf. Φ Γ6 206a 7;M K10 1066b 11-12;WU476。アリストテレスはこのことを『自然学』第三巻第五章で集中的に論じているが、この議論は、第六巻で連続体が定義されるとき、初めて明確に論拠づけられる（cf. WU495）。アリストテレスにとって、連続体とは無限に分割可能なものである。つまり分割不可能なものによって構成されるものではない（cf. Φ Z1 231a 24-25, Z2 232a 24）。連続体（無限に分割可能なもの）が、分割不可能なものによって成り立つということは、矛盾なのである。ここで、時間も連続体（すなわち無限に分割可能なもの）であるため、無限分割にかかる時間も無限となる（cf. Φ Z2 233a 22-30;WU489f., 496）。しかしこの無限は、あくまで可能態における無限なのである（cf. Φ Θ8 263b 6-9）。

（8）Cf. WU542.『形而上学序説』第八節を参照。Gottfried Wilhelm Leibniz, Ulrich Johannes Schneider (hrsg.), *Monadologie und andere metaphysische Schriften*, Hamburg: Meiner, 2002, pp. 18-21.

（9）カントは言う。「理念が規則を与えるのと同様に、理想〔……〕は、原像として、模像の網羅的規定のために役立つ」（KrV A569;B597）。別の言い方によれば、理想は、「不完全なものの度合いや不足を評価し測定するため」の「基準」として役立つとされる（ibid.）。

（10）アリストテレスが、点（不可分なもの）の集合から線（連続体）はできないと考えたのに対し、カントールは、実数の集合を、線上に並ぶ無限の点の集合として示す（cf. GA190ff.;WU499）。

（11）Cf. GA176. さらに「実無限に関する様々な立場について」（1885）において、カントールは、二つの実無限、「絶対者（das Absolute）」（絶対無限）と「超限」の区別を唱える（cf. GA375 : WU460f.）。

（12）「集合（Menge）」の定義は「一般集合論の基礎付け」（1883）の注釈においてなされている（cf. GA204, Anm. 1; cf. WU467）が、この定義はさらに「超限集合論の基礎付けへの寄与」（1895/1897）において、次のように修正されている。「集合ということで我々が理解しているのは、われわれの直観あるいは思考の諸対象、つまり、規定され、互いに十分に区別された諸対象 m（これは M の『要素』と名づけられる）からなる、或る全体への、あらゆる統合（Zusammenfassung）のことである」（GA282;cf. WU442f.）。ここに見られる集合の定義それ自体に、要素の網羅的規定ということが含まれている。

（13）有限集合の場合の要素の個数に相当するような、集合の密度を表すために、カントールは「濃度（Mächtigkeit）」という概念を導入し、無限集合を互いに比較できるようにした。

（14）Cf. Jean Ladrière. « Les limites de la formalisation »（in: Jean Piaget（dir.）, *Encyclopédie de la pléiade, Logique et connaissance scientifique*, Paris: Gallimard, 1967, pp. 312-333）, pp. 321sq.

（15）Jules Richard, « Les principes des Mathématiques et le problème des ensembles », *Revue générale des Sciences pures et appliquées*, vol. 16, no. 12, 1905, p. 12.

（16）一八九九年七月二八日付けのデデキント宛の手紙を参照（cf. GA443-451;WU461）。

（17）順序数とは、集合が整列集合（次注参照）であるとき、集合における要素の特性のみを捨象し、並び方は捨象しない時に、その並び方をあらわす数である。

（18）整列集合とは、第一の要素を選ぶことができ、さらに残った要素の中から、第二、第三の要素と、要素が残っている限り、先に選ばれた要素に対して後続する最初の要素を選ぶことができる集合を指す。

（19）Ernst Zermelo, „Untersuchung über die Grundlagen der Mengenlehre. I", in: *Mathematische Annalen* 65, 1908, S. 261-281. 分出公理は、ツェルメロがカントールの前提していた内包原理に代わって導入するものである。内包原理は、以下のように表現できる。「任意の条件Fに対して、その要素がちょうど条件Fを満たすものからなるような、集合｛x:F（x）｝が存在する」。この原理に従うなら、たとえば条件Fを「順序数であること」とすると、集合｛x:F（x）｝はΩとなり、不整合性を含んでしまう。ツェルメロはこのような内包原理を退け、この原理を制限して得られる分出公理を導入する。それは以下のように表現できる。「任意の集合 m と m に対して確定的な任意の条件Fに対して、その要素がちょうど、Fを満たす m の要素であるような集合が存在する」。ここで「条件Fが m に対して確定的である」とは、「m の各要素cに対して、cがFを満たすか満たさないかのどちらかであり、中間の場合がない」ことを指す（cf. Marcus Giaquinto, *The Search for Certainty*, New York: Oxford University Press, 2002, p. 120）。たとえば条件Fを「順序数であること」とする場合、集合｛x:F（x）｝に対してFは確定的ではない。こうして、分出公理によりパラドクスを生み出すような条件を回避できるのである。

（20）このような数の捉え方は、数を集合間の相等性から捉えようとする立場（デデキント、カントール、フレーゲ）と対立する。集合同士の相等性においては、集合の別の集合に対する関係のみが捉えられている（cf. Hua XII 111, 116;WU519）。それに対し、フッサールは、数を具体的な現象に基づく諸単位からなる多性として捉えるのである（cf. Hua XII 117;WU512）。

（21）物を信の対象として捉えるというこの考え方については、論者は幸運にも、テンゲリと意見交換する機会を複数回持った（テンゲリは論者の修士論文、博士論文の指導教員であり、さらに論者は博士論文において「信」を主題としていたという事情による）。ただし、テンゲリにとって、哲学はあくまで知の活動であり、範疇的直観を信に置き換えるという考えは、受け容れ難いものであった。

チャールズ・テイラーの認識論と宗教史

――「身体」をめぐって

坪光生雄

はじめに

本稿は、チャールズ・テイラーの認識論をめぐる哲学的な議論と、彼の宗教史とが交差する論点を探求し、双方が基本的な洞察において一貫していることを示す。テイラーは二〇〇七年刊行の主著『世俗の時代』において、宗教と世俗性をめぐる物語的な歴史叙述を試み、今日の「信仰の条件」を時代診断的に解明した。その後、二〇一五年に刊行されたヒューバート・ドレイファスとの共著『実在論を立て直す』[1]では、先の著作で顕著だった歴史的な観点は後景に退き、人間の認識と実在世界との関わりについてより一般的な哲学的分析が企てられた。これら二つは実際、探求される主題においてもその方法においても異なるものであるが、両者のあいだには内容的に照応する論点が確かに見出される。本稿は以下で、この共通の要素を「身体」という概念の周辺に析出し、テイラーがそれに与えた中心的な意義について考察を深める。

この考察は、テイラーの宗教論に寄せられてきたある一連の批判に対して一つの回答を与えることを企図している。たとえばタラル・アサドは、『世俗の時代』の著者が「宗教」を第一に「信（belief）」[2]に関わるものとして概念化していることを問題とする。[3]「信仰」としての宗教理解は一般に、儀礼等の集団的・形式的な宗教実践を、自律的主体性やその個人的・内面的な自由の抑圧として否定的に捉えるリベラリズムに通じており、歴史的にはプロテスタントによるカトリックの典礼主義批判と共鳴する。アサドは『世俗の時代』の議論のうちにリベラル＝プロテスタント的思潮に連なるこの内面的信仰の特権化を見て取り、宗教における身体的・感覚的なものの意義に対して十分な関心を払っていないとしてその著者を批判する。また、こうした宗教理解が今日のリベラルな世俗主義社会において受容可能な「宗教」の基準を定めるものである以上、アサドの批判が射程に収めている問題はたんに認識的であるのみならず、同時に政治的でもある。テイラーの宗教概念のうちに読み取られたリベラル＝プロテスタント的傾きが帯びうるこの政治的な問題性については、セシル・ラボルドの論考においても同じく厳しい批判的検討がなされた(4)。

だが、批判者らによるこうした読解の妥当性は争われうる。これを疑うもっとも素朴な動機は、テイラーがプロテスタントではなくカトリックであるというたんなる事実に発するだろう。同じ疑念はまた、『世俗の時代』の全体に渡って「受肉」という神学的主題が繰り返し変奏されたことの意義を汲もうとする読解上の方針からも導かれよう(5)。いずれにしても、テイラーがリベラル＝プロテスタント的な宗教理解に依拠しており、その結果、彼の議論が認識的にも政治的にも不適切なものとなっているという指摘には、一見して首肯しがたい何かがある。そこで、本稿ははっきりと次のように問うべきであろう。テイラーにとって「宗教」とは、他でもなくただ内面的な「信」を意味するのだろうか。

本稿が以下で展開する議論には、この問いに対して否定的に回答する狙いがある。つまり、テイラーはけっして身体的なものを軽視しておらず、むしろ一貫した仕方でそれに決定的な地位を与えている。このことは、一方の哲学的議論を他方の宗教史に接合することを通じて、それら双方の連続性のうちに確認されるだろう。

1 接触説――身体化された理解へ

『実在論を立て直す』の著者は、デカルトに端を発する近代認識論を問題の多いものと見る。この認識論は、内なる心と外なる世界という二元論的なトポロジーのうちに「知識」を位置づける。知られるべき実在は心の外にあり、それに対応する知識は心の中にある。デカルト曰く、外界についての知識は観念による媒介を通じてのみ得られる――「私の外にあるもののいかなる認識をも、それについて私が私のうちにもつ観念を介してでないかぎりもちえないと確信している」(6)。つまり、知識とは「外側にあるものを正確に表象するとされる心の状態」であり、「心がこの実在を正しく確実に表象するとき、知識が成立する」ことになる（RR.2）。その意味で、これは「表象主義」と呼びうる立場である。外の世界から明確に区別された知る主体の内面性を確立するこの認識論は、近代においてあまりに当然のもの、私たちを捉えて離さない「描像（picture）」となって久しい。テイラーらは、この「介してのみ」構造を持つ認識論的描像を「媒介説」と呼び、その克服を目指す。

媒介説と対置されるのは「接触説」である。テイラーらはこれをハイデガーやメルロ＝ポンティの現象学から取り出してくる。その主張によれば、知識は観念的表象という媒介にではなく、私たちが世界と直に接触することに存する。この知識は「自己立証」する。私はまず世界に存在すること自体によって、自らがそこに存在することを確かに知る。私たちはこの「世界内存在」として日常的に事物と直に接触し、相互に作用し合い、それに臨んで対処することを学ぶ。私たちは根源的に、まずはこの従事的（engaged）な行為者であり、世界に対して「どこでもないところからの眺め」に立つ脱従事的（disengaged）な行為者の態度は、発生的な順序において後発の派生的様態としてのみ可能であるとされる。

世界の内にあって実在と直接に関わり合うこの従事的存在にとって、自己の内面と外的な実在世界とを、または「理由の空間」と「原因の空間」とを媒介する第三項を想定する必要はない。このとき、内と外との明瞭な二元論的切断に抗うものとして、行為者の「身体」が浮かび上がってくる。テイラーらは、メルロ＝ポンティを引いて「私たちの身体は『われ思う』にとっての対象ではない」[7]と述べる（RR.47-48）。たとえば、熟練のサッカー選手が、外界にあるゴール等の表象を心の内に持つ必要はない。選手は自らの身体的な運動そのものによって、フィールド上にあるゴールやその他の分節された区域を対処的に把握している。この場合、認識の主体と対象とのあいだにはっきりとした線を引くことはできない。対象の把握は、身体の運動それ自体の志向性のうちに内在しているのである。様々な行動を可能にし、または制限する実在的な世界との直接の接触、その従事的な対処実践のなかで人が得るのは、何よりもまずこのように「身体化された理解」である。

この身体化された理解は前概念的なものである。すなわち、身体による従事的な対処実践（coping practices）は、概念的な信念形成に先行する。幼児の成長過程にも見られるように、私たちは周囲の世界との直接の関わり合いのなかで諸々の身体的動作のノウハウを習得する。これらの学習はまず概念の助けを借りずに行われるが、なお世界と自己に関する能動的な「理解」を伴っている。したがって、テイラーによれば「事物を概念で述定するための基礎をなす一種の前概念的な理解、換言すれば、概念より下層の理由の空間において働く何ものかを認める必要がある」（RR.69）。そして世界との身体的な交渉こそ、この前概念的な理解の生じる「原初的で不可避の場」である。「私たちの事物の把握が、根源的にそれらへの身体的な従事によるものとわかれば、周囲の実在に関してなされるいかなる記述や意味帰属よりも深いレベルでその実在と接触していることがわかる」のである（RR.70）。

2　頑強な実在論

こうして媒介説の内／外区別の描像を棄却するとはいえ、テイラー＝ドレイファスの接触説が取る進路は、リチャード・ローティの有名な「自然の鏡」批判とは軌を一にしない。テイラーらによれば、伝統的な哲学的二元論を捨て去ろうとするローティの反基礎付け主義は、それでもなおある重要な意味で内／外区別の描像に囚われたままである。

　知識に対応する根拠が実在世界のうちに見出されるとする「基礎付け主義」を廃棄して「整合主義」を支持するローティの議論に、テイラーは根を深く張った二元論的構えを見出す。ローティは、知識や信念が外的な自然世界にその「基礎」を持つかどうかという問いそのものを一蹴する。理由の空間においてある信念を正当化するのは、また別の信念、要は「私たちがすでに受け入れているもの」との内的な整合性のみである。「整合性とは異なる何らかのテスト方法を見出すために、私たちの信念と言語の外側に抜け出るいかなる道もありはしない[8]」。しかし、まさにこの「外に出ることができない」という像こそ、テイラーらが克服しようとする内／外区別の基本的な表現である。言い換えてみれば、「自分自身の表象の内側に封じ込められており、それらの表象を『実在』と比べるためにどうにかそこから出ようとしてもできない」（RR.58）というのだから、これは相変わらずの「表象主義」であり、また実在への問いを放棄する点では「反実在論」に相違ない。

　しかし、テイラーらもまた、周囲の日常世界に埋め込まれた「世界内存在」の分析から出発したために、行為者との相互作用から独立した世界の強固な実在性を擁護するにあたって一定の困難に直面することになる。「私たちが日常的な対処実践によって日常世界への直接的アクセスを得る限り、それらの実践は、それ自体であるがままの宇宙へのあらゆるアクセスを遮断するように思われる」（RR.131）。ローティならば、対処実践の領域に喜んで留まるところだろう。自然科学が標榜する「どこでもないところからの眺め」によって解き明かされる自然世界それ自体など無意味である。すべては対処を通じてその都度獲得される私たちにとっての理解にすぎないし、実際それで何も困らないというわけだ。

　だが、テイラーは「私たちに対して現れる日常世界の事物への身体化された直接的アクセスと、私たちの身体能力や対処実践との関係から独立した宇宙の事物をそれ自体として記述する科学という実在論的な見立てとを、両方とも擁護するための議論を立てる」という（RR.132）。この立場は、ローティの「デフレ的実在論」に対抗して「頑強な実在論（robust realism）」と称される。しかし、その議論とはどのようなものだろうか。

　テイラーと共著者によれば、私たちの人間性は、根源的には世界へと埋め込まれた状態によって規定されているが、それはまた、後に派生的に獲得される「どこでもないところからの眺め」へと脱従事化していく能力によっても特徴づけられる。私たちは、事物に対処するなかで自分にとっての意味をその事物に帰属させるが、その対処において私たちはまた、そうした意味よりもいっそう基本的な実在に触れる。そうした実在は、「私たちを取り囲んでおり、ときに私たちに何かを与え、ときに私たちを抑制し、死や損傷によって脅かし、何ごとかをなすことを許容し、また別のことについては拒絶する」[9]。つまり実在は、その実在に対する私たちの対処能力を限界づける「境界条件」を私たちに突きつけてくる。当然ながら私たちは、実在世界が許容しないことをなしえない。私たちの知覚や行為は、まずは自らの身体の構造、そして周囲の世界の諸条件によって限界づけられている。こうして私たちは、自らの日常的な対処のうちにその当の対処を限界づける境界条件を見出し、そこで逆説的にも自らの対処能力を超えた実在と出会うのである。

ところで科学とは、こうして出会われてくる実在世界を、その境界条件の構造からよりよく把握しようとする試みに他ならない。テイラー＝ドレイファスは、過去の科学史に見られるいくつかの不可逆的な進歩、よりよいものへの「交替」という事態を肯定的に取り上げる。ガリレオ・ニュートン以後に生きる私たちは、いくつかの点においては、もはやそれ以前のアリストテレス的理解に立ち戻ることができない。

私たちにできることを限界づけ、それに同調すれば私たちの支えともなる独立的な自然の構造は、私たちの科学によってますますよく理解されるようになる。この科学はフィードバックしてきて、私たちの日常的把握を改善する。こうしてまた、「科学は私たちの対処がはじめから直に接触しているところの宇宙の構造をそれ自体において記述しているのだ」という私たちの確信が強化される（RR.144）。

ここでなおも、このような科学もまた一つの対処実践にすぎないのではないかと問うことはできる。だが、科学が他ならぬ対処として現状何ほどか有用であるとすれば、その有用性はまさに「私たちにとっての」と「それ自体での」との区別に依存している。この対処においては、当の対処から独立した世界の実在性が前提されていなければならない。

整合主義の認識論に対抗する「頑強な実在論」の重要な主張は、私たちは自らの信念の外に出ることができるという点にある。「日常的な事物への直接的対処についての現象学的記述は、私たちが自分の皮膚や心のなかに幽閉されてはおらず、共有の世界に開かれているということを示す」（RR.147）。理由の空間を構成するのは信念だけではなく、私たちにとって根源的な、実在への従事的対処において身体化される理解でもある。そして、この身体化された理解を輪郭づける境界条件の探求の延長に、科学による実在世界それ自体のよりよい解明が見込まれるのである。

3 脱魔術化と認識論の「脱構築」——『世俗の時代』の議論から

以上のテイラーの哲学的立場は、『世俗の時代』の宗教論にも一貫した形で表れている。同書でテイラーが主題化した「宗教」にしても、媒介説の内／外区別の上に立つ純粋に内面的な「信仰」と同じものではなかった。テイラーを批判する際にアサドも留保的に述べているように、テイラーは宗教を理論的・命題的な「信」とは同定していない。テイラーが究明の対象とした「信仰の条件（conditions of belief）」とは、「私たちの道徳的、精神的、宗教的な経験と探求が生じる理解の文脈全体」である（SA.3）。それは通常反省にもたらされることのない一種の「前存在論」、まさしく人を捉えて離さない背景的な描像であるとされる。『世俗の時代』の大部分を占めるのは、西洋の過去五〇〇年間の歴史を通じて、この描像に生じた変容に関する記述であった。

『世俗の時代』は、この歴史的変容を多様な仕方で特徴づけるが、ここではとくに「脱魔術化」をめぐる議論が重要である。テイラーはウェーバーから譲り受けたこの語の意味を、前節までに見た近代認識論の枠組への移行として提示する。前近代の魔術的な世界では、霊的かつ道徳的な高次の諸力は端的に疑いようのない実在であり、実際に人々に対して具体的な影響を及ぼすものだった。聖遺物がときに身体的な癒しをもたらすように、意味は心のみならず事物にも宿ることができた。「魔術的な世界において、人格的な行為者性と非人格的な力とのあいだには、完全に明確な線は引かれていなかった」のである（SA.32）。だが、こうした世界像は脱魔術的な近代のものではない。近代性は、個人の内面性を、有意味なものの生じる唯一の場として認識論的にも道徳的にも特権化する。いまや思考や感情、精神的な飛躍《エラン》が生じるのは、ただ心と呼ばれる場所においてのみである。「心は境界づけられ、その結果これらの思考や感情などは心の『内側に』置かれる」だろう（SA.30）。

脱魔術化とは、霊＝精神的な意味の生じる場を外的な世界から隔てられた心の内側へと移し替えることに他ならない。テイラーの用語では、魔術的な世界に生き、霊的な力から諸々の影響を被る自己にとって、その自己を輪郭付ける境界は「多孔的（porous）」である。一方、脱魔術化された自己は、心と世界とのあいだに乗り越えがたい距離を置き、堅固な境界線の内側に自らを囲い込むことによって、外的な諸力から「緩衝化（buffer）」されている。脱魔術化の過程は、この「多孔的な自己」から「緩衝化された自己」への移行としても記述される。

以上のような脱魔術化の物語は、それに対するテイラーの評価的な態度を捉え損ねると、実際にアサドらの批判を裏書きするものとして読まれうる。すなわち「宗教」は、かつて魔術的な世界にあっては内と外との厳格な区別をもたず、身体的・感覚的な生をも包括していたが、脱魔術化の後はただ内面性にのみ関わるものとして、「信仰」の概念と等しくされた。かくして今日では、外的・形式的・集団的な儀礼は、「宗教」にとって本質的ではない。ある人が宗教的であるかどうかを決定するのは個人的で内面的な特定の態度であり、その場合の「宗教」の本質は、言うなれば「信仰のみ」ということになるだろう。このような理解こそアサドがテイラーの議論に読み込んだものであり、それをプロテスタントによるカトリックの典礼主義批判と歴史的に関連付けることは、脱魔術化の主要な動因をキリスト教の諸改革に見出すテイラーの立場とも符合するようだ。

だがテイラーは、この物語をそのまま是認しているわけではない。むしろこれは、問題含みの認識論に依拠しており、規範的には「脱構築」されるべきものである。テイラーは、彼がまさに現代の「信仰の条件」として見出したもの、すなわち彼が「内在的枠組」と呼ぶものについて語りながらこの脱構築を試みている。

『世俗の時代』の一つの中核をなす議論において、内在的枠組それ自体と、その内部にしばしば生じる「偏向（spin）」とは区別される。内在的枠組は今日の包括的な条件であり、今日の西洋近代を生きる人々の生を規定する現象学的な基底のレベルにまで沈み込んでいる。このとき、内在的枠組はそれ自体でただちに脱宗教性を導くのではない。テイラーによれば、枠組それ自体は、宗教的超越に開かれた仕方でも、または閉ざされた仕方でも、いかようにも生きられうる。他方で「偏向」と呼ばれるのは、この枠組の開放と閉鎖のいずれかをナイーヴにも「自然化」する向きのことである。

開放と閉鎖、いずれの偏向も等しく可能であるとはいえ、テイラーにとってより重要な問題を構成するのは反宗教的ないし世俗主義的な偏向の方である。[10] テイラーはまたもウェーバーに、しかし今度は克服すべき偏向の典型として言及する。ウェーバーは、近代の内在性においてはいかなる超越性も許容されないと考えた。閉鎖的な偏向を自然化するこうした読解のヘゲモニー、すなわちテイラーが「閉じた世界構造」と呼ぶその歪んだ描像は、とりわけ知識人が身を置くアカデミックな場において力を発揮する。ウェーバーによれば、脱魔術化に直面してなお宗教を捨てない者は「知性の犠牲」を余儀なくされる。この時代の宿命には「男らしく」堪えなくてはならない。[11] 脱魔術化された近代世界において宗教をもつことは、学問的精神の目にはかくも明白な自然の真理をあえて見まいとする認識的な怠惰、あるいは子供じみた臆病さの証左とみなされる。

このようなウェーバーの診断に対抗して、テイラーは次のことを指摘する。すなわち、脱魔術化、またより広く近代化とは、その世俗主義的な擁護者たちが信じるように誰の目にも明白な自然的真理の「発見」という中立的な認識の過程ではない。多孔的な自己から緩衝化された自己への移行は、それ自体、新たに想像された特定の価値、徳、卓越性を志向している。そうした価値とは、「自分自身の思考過程を反省的に制御する、〔中略〕『自己に責任をもつ』独立不羈の者、脱従事的な主体のものである。ここには独立、自制、自己責任という倫理が、つまり制御をもたらす脱従事化の倫理が存在している」（SA.559）。

近代は、「宗教＝迷信」が流布してきた子供じみた慰みものの幻影を廃し、自然的で中立的な認識論を確立したと考えた。自然科学が「神の死」をもたらしたという筋の物語は、この認識論上の確信から派生してこのかた、ドーキンスが人気を博す今日に至るまで、なお広範な支持を集め続ける。だがテイラーの見るところ、近代認識論への移行それ自体が、倫理的には争われうる一連の価値によって方向付けられている。その閉じた世界構造は、今日の内在的枠組において可能な一つの「偏向」の所産にすぎないというわけだ。

とはいえ、こうした認識論の脱構築は、魔術的な世界への単純な回帰を目指すものではない。テイラーの目標はもうすこし控えめに設定されている。枠組の閉鎖も開放も等しく偏向として扱うことで、彼はただ「これらのうちの一つがその周囲に纏う明白さという間違ったアウラを消し去ろうとしているだけなのである」（SA.551）。

4　多元的な実在論における「身体」の位置づけ

さて、これまでの議論を振り返ると、そこにはおそらく矛盾のようなものが見つかる。テイラーは『実在論を立て直す』において、実在世界それ自体の記述としての科学という考えを、「頑強な実在論」の名の下に擁護していた。その際、科学的な把握が世界それ自体に対応していることの確かさは、「交替」という進歩的な見通しによって補強されたのだった。ここで矛盾とは次のことである。「交替」とは、『世俗の時代』において脱構築が目指されたところの、科学による「神の死」の物語そのものなのではないだろうか。

この不整合を解消するための糸口は、テイラーの哲学的立場が「頑強」であるのみならず「多元的」でもあるような実在論として構想されたことに求められる。この実在論は、科学的な記述が真である場合、それは自然的実在それ自体に対応するものであるという主張を積極的に認めるが、他方で科学的な記述が実在の唯一の本質を捉えているとは考えない。たとえば、科学的な説明において金という自然種は原子番号79をもつ物質として必然的に同定される。それは金という物質それ自体の本質的性質の記述である。これを認めるなら、たとえば古代エジプト人が金の本性についてもっていた見解――聖なる輝きを放つ神聖な物体としての金――などは端的に誤りであることになる。だが、テイラーらはこれに反駁して言う。「79という原子番号をもつことが、金の唯一の本質的性質とみなされる必要はない。それが本質的であるのはただ、金の独立的性質を明らかにしようとする私たちの自然への問いの立て方に相対的なことである。エジプト人たちもきっと、その宗教的実践を通じてのみアクセス可能な金の性質を明らかにしていたのだ」(RR.151)。どこでもないところからの眺めに立ち、事物の独立的性質を解明しようとする近代科学は、それ自体一つの特殊なパースペクティヴである。近代科学の他に、これと同じ仕方で「それ自体でありのままの宇宙」との対応的な真理について問いを立てた文化はない。この種の探求は、特殊に西洋近代的な脱魔術化した認識論の上に立って初めて可能となったのである。

こうして、テイラーは魔術的な前近代における自然の把握と脱魔術化した近代科学による自然の把握とを、同じ実在世界の開示に関して競合する、しかしともに真でありうるような別の様式として多元的に並列化し、科学的な本質主義を回避する。だが他方で、すでに見たとおり、彼はローティ流の整合主義にも立たない。テイラー＝ドレイファスの「多元的で頑強な実在論」にとっては、実在世界との接触を通じてその世界を開示する方式が複数ありうるということ、しかもそのいずれにも、実在との接触およびその開示として、それぞれにおいて真である可能性があるというのが重要な主張である。

> もちろん、こうした還元不可能で両立不可能でさえある実在へのパースペクティヴが原理的に数多くありうるという事実は、自然のただ一つのあり方も、したがってそれに対応するただ一つの真理も存在しないということの証拠となるだろう。だがこの事実は、自然それ自体のあり方が存在しないということを意味しなくともよい。〔中略〕私たちはむしろ、自然を記述するいくつかの方法があり、そのすべてが真であるかもしれないと結論すべきなのだ。(RR.159-160)

『世俗の時代』において「閉じた世界構造」の脱構築を試みたときと同様、再び魔術的な世界理解を支配的な描像の座に就かせることが目指されているのではない。テイラーの目標はここでも、脱魔術化したパースペクティヴに映じる像を、唯一の真なる自然世界の把握と見る「偏向」を正すことに定められている。

「多元的で頑強な実在論」は、実在との対応的な真理性を確保しながら、それでいて、同一の実在に関してしばしば食い違う把握の方式の複数性を可能的に承認する。これは一元的に本質化された科学的自然主義の真理観と、真理をたんなる整合性に還元するプラグマティストの「デフレ的実在論」という二つの極端を避ける第三の道である。だが、この両面作戦は首尾一貫した形で成功しているといえるだろうか。背馳しあう複数の把握が真でありうると認めながら、「交替」という考えを維持することがどうして可能なのか。しかも、テイラーはこの実在論を認識論にまつわる哲学的分析の用に限定せず、その有効射程を政治や宗教の部門をも包括する一般的な文化領域に拡大しさえする。それが認識的な真ばかりか道徳的な善の理解にも関わるとすれば、「交替」は一連の強い評価を含みこんだ諸々の「包括的教説」のあいだに実質的な優劣の差を刻むことをも意味しよう。善の理解の複数性を認めた上で、なお可能なそれらの序列化とは一体どのようなものだろうか。

テイラーは、歴史のなかに善の理解について生じた「交替」を見る。奴隷制の廃止や女性の参政権の確立、人権に関する合意の拡がりなどは、人類史における不可逆的な政治的・道徳的達成とされる。こうした交替に関する意見の収束は、ある文明ないし社会文化の同一的な枠組の限界内でのみ生じるのではない。複数の異なる枠組のあいだでこの種の収束が実現することについて私たちは希望を持ってよい。なぜなら、一つにはロールズの言う「重なり合う合意」の可能性がつねにあるからである。「人間とその本性や善に関するもっとも深い信念において諸陣営は一致しないままだが〔中略〕、それでもなお、特定の規範を正しいものとして支持するにあたっては合同することができる」(RR.164)。

さらにもう一つには、信頼に足る人間本性や善に関する説明には、共通にして必須の要素があるのかもしれない——いわば、それら複数の理解のあいだに「重なり合う合意」が生じる可能性を、わずかばかり担保しうる共通の地平についての洞察が。テイラーは、これを「人間の身体の不変の構造」に求める。接触説の認識論において、実在への対処的把握を境界的に条件付けているのは、すでに見た通り、まずもって人間の身体であった。身体の構造が文化横断的に不変のものであるならば、それは人間学的な諸見解の真正性に関しても一定の制限を課さざるをえない。「善についてのどんな倫理的感覚も、正しさについてのどんな道徳的感覚も、またとりわけ、自分の制御を超えた力に対して恩義を感じるどんな宗教的感覚も、私たちが特殊人間的な形式で身体化されているということの、かかる本質的諸特徴に一致していなくてはならないということかもしれない」(RR.166)。

このように、認識的なものであれ、政治的または道徳的なものであれ、人間にとっての有意味性はけっして身体という不変の項を閑却することができない。あらゆる信念形成や意味帰属に先行する身体の実在性が、際限のない多元性のただ中にあってなお「交替」を正当化する普遍的な基準点をなす。身体こそ、この「分裂症的」な世俗の時代において、慎ましくも実践的な収束、「重なり合う合意」が現に生じうるとの希望をまだしも捨てずにいられる理由なのである。もちろん「重なり合う合意」は、諸教説のあいだに歴然と存在し続けるより深い理由づけのレベルでの複数性をも消去するものではないから、それが達成されたところで、多元性と頑強さとのあいだの緊張が全面的に解消することはないだろう。だが少なくとも、文化横断的に不変の構造とされた人間の身体には、「交替」の評価をめぐって生じる多分にジレンマティックな諸見解を、一定の実践的な合意が見込まれる方角へと収束させる働きが期待されているのである。

おわりに

冒頭に述べたとおり、本稿の考察は認識論と宗教史にまたがって展開されたテイラーの議論のより適切な読解を目指すものであって、認識論や存在論に関わる一般的な真理の哲学的解明を主旨とはしないから、以上の議論から結論として取り出されるのはただ次の事実である。すなわち、テイラーの思想においてはかくも一貫して身体が信念に先立つ。そうである以上、彼が用いる「宗教」概念の内実もまた、たんなる内面的な信仰として理解することはできない。リベラル＝プロテスタント的な「宗教＝信仰」の概念は、テイラーに即して言えば、近代認識論の内／外区別に依拠して、自己の内面性が外的世界の諸力から緩衝化されることを前提とする。『世俗の時代』においてテイラーが目指したのは、一つにはこうした認識論を脱構築することであった。その主張は、内面性の囲い込みや、それと構造的に対応する内在的枠組の閉鎖性はけっして中立的でも自然的でもないという点にある。そして、ここで認識論的、また政治・道徳的にもっとも根源的な地位に置かれるものこそ、他ならぬ身体であった。身体的接触による直接的な世界の把握に立つ実在論は、あらゆる信念上の差異を収束へと向かわせる共通の地平の存在を示唆している。

この近代認識論の脱構築によって、テイラーは今日の宗教経験、または霊＝精神的な「充溢（fullness）」との接触の場に関する理解を拡張するよう主張する。このとき、単純な先祖返りとしての再魔術化は望まれないにしても、やはり改革と脱魔術化がもたらしたものの少なくとも一部は取り消されねばならないだろう。

〔脱魔術化による〕還元を取り消すということは、私たちの身体的感覚、身体的行動、身体的表現とともに、私たちの自然的環境における生が充溢との接触の経路となりうるようなあり方を再発見することであろう。初期の宗教的生は、そうした身体的様態と儀礼に満ちていた。だが、まさしくこれらが、改革が進展するなかで脇に追いやられがちだったものなのだ。改革は、いっそう知的な形式のキリスト教信仰と儀礼を通じて、規律化された脱従事的な世俗世界に行き着いた。だが、〔身体的なものを回復するという〕ここでの希求が否定されることはないだろう。（SA.766–767）。

では、新たに身体性を回復した先に待望される宗教的生とはどのようなものだろうか。当然これについても多様な可能性を見込みうるだろうが、一つにはテイラーが自らのものとするカトリシズムを考えることができる。このキリスト教において強調される身体性は、意味論的な次元を欠いた純粋に生物学的なものではない。テイラーは、身体の実在性を頑強に主張する一方で、「言語動物」である人間に固有な「メタ生物学的意味」の次元への注目も欠かさない[12]。このとき、これら双方の和解、または言うなれば霊と肉の結婚としての「受肉」という主題が、哲学的にも神学的にも焦点化されてくる。

身体と宗教的な意味とが交わる重要な場として、テイラーは性愛に論及する。性は「人間の身体的実存にとって決定的な次元」である（SA.767）。人間の身体が文化横断的に不変の構造とされるように、性生活は文化ごとに多様な解釈の共通の背景をなす「人間的定数（human constants）」の一つに数えられる。だが、キリスト教はしばしば狭量な性倫理のコード化を通じてこの領域を抑圧してきた。テイラーは身体の回復を目指す一貫した立場からこれを批判し、「エロティックな欲求と神の愛との繋がりの感覚を回復しなくてはならない」と述べる（SA.767）。もちろん、たんなる規制緩和が問題なのではない。テイラーは、性的アイデンティティをまったく融通無碍なものとして個人による決定自由に任せる道も、また他方ハンス・ウルス・フォン・バルタザールのような神学者とともに性に関する永遠不変の定義にこだわる行き方も、同様に拒否する（SA.767）。純粋に物質主義的な「性革命」の諸教説と、性の絶対的神秘化を旨とする婚姻神秘主義的伝統とのあいだに立ちながら、テイラーはいわば文化的変数と人間的定数のそれぞれに関する、より繊細な感覚の必要を訴えるのである。解釈される意味を物質的身体にか、あるいはその逆か、いずれにせよ一方向的で単純な還元が望まれているのではない。

身体的接触を必然的に含むという点において、テイラーが性愛をキリスト教的な愛と本質的に区別することはないだろう。サマリア人の行いに表われた愛は「はらわた感情（gut feeling）」と解される。この愛は内面的な規範として課されるものではなく、傷つき倒れた身体の実在性に臨む私の身体、まさにその臓腑に受肉して沸き起こる従事的な応答である（SA.741）。テイラーにとり、真にキリストの身体として望まれる教会は、個々の身体に基礎をもつこの種の愛の交わりが織りなすネットワークの総体であった[13]。何であれ愛の身体的次元を抑圧することは「受肉の宗教」たるキリスト教の「自己切断」にも等しい。

こうして、テイラーの実在論は脱魔術化の宗教史を超えたところで、「身体の復活」へと向かう終末論的視座（SA.640）に開かれる。キリスト教の愛は、実在との接触において身体化された応答として生じる。この愛の経路を開くには、内面性に囲い込まれた疎遠な自己の境界を何ほどか突破しなくてはならないだろう。「立て直された実在論」として主張されたのは、私たちがまさにこの境界の「外に出る」ことの可能性なのだった。

凡例

以下の二著作からの引用に際しては、次の略号を用い、原書のページ数を（　）内に示す。なお、これらの引用文はすべて引用者の訳によるが、訳書のある場合には一部それを参考とした。引用文中の〔　〕は引用者による注記ないし補足を示す。

SA: Charles Taylor, *A Secular Age*, Cambridge, Massachusetts and London: The Belknap Press of Harvard University Press, 2007.

RR: Hubert Dreyfus and Charles Taylor, *Retrieving Realism*, Cambridge, Massachusetts and London: Harvard University Press, 2015.（『実在論を立て直す』村田純一監訳、法政大学出版局、二〇一六年。）

注

（1）本書の内容は、二人の著者が従前それぞれ個別に発表してきた以下の諸論考によって先取りされている。この点、両著者の哲学的立場が長期にわたり一貫した形で共有されてきたことは疑いなく、本書の議論をいずれの著者に帰するのも正当であるだろう。Charles Taylor, "Overcoming Epistemology," in: *Philosophical Arguments*, Cambridge, Massachusetts and London: Harvard University Press, 1995, pp. 1-19. Id., "Rorty and Philosophy," in: *Richard Rorty*, Edited by Charles Guignon and David R. Hiley, Cambridge, New York: Cambridge University Press, 2003, pp. 158-160. Hubert Dreyfus, "Taylor's (Anti-) Epistemology," in: *Charles Taylor*, Edited by Ruth Abbey, Cambridge, New York: Cambridge University Press, 2004, pp. 52-83.

（2）本稿でこの「信（belief）」という語は「信仰」ないし「信念」として適宜訳し分けられる。原則として、宗教論の文脈では「信仰」、分析哲学の文脈では「信念」の訳語をそれぞれ当てる。こうした訳語の選択は、各分野の翻訳上の慣例に即した便宜的な措置であり、当該概念の実質的な違いを表示するものではない。

（3）Taral Asad, "Thinking about Religion, Belief, and Politics," in: *The Cambridge Companion to Religious Studies*, Edited by Robert A. Orsi, Cambridge University Press, 2011, pp. 36-57.

（4）Cécile Laborde, "Protecting Freedom of Religion in the Secular Age," in: *Politics of Religious Freedom*, Edited by Winnifred Fallers Sullivan *et al.*, Chicago and London: The University of Chicago Press, 2014, pp. 269-279.

（5）以下の議論を参照。坪光生雄「切断に抗して――チャールズ・テイラーの受肉の思想」『宗教研究』第八九巻第一輯、二〇一五年、五三―七六頁。

（6）ルネ・デカルト「一六四二年一月一九日のジビュー神父宛ての手紙」『デカルト全書簡集』第五巻、持田辰郎他訳、知泉書館、二〇一三年、七五頁。

（7）モーリス・メルロ＝ポンティ『知覚の現象学（1）』武内芳郎・小木貞孝訳、みすず書房、一九六七年、二五五頁〔表現を一部変更〕。

（8）Richard Rorty, *Philosophy and the Mirror of Nature*, Princeton: Princeton University Press, 2009, p. 178.（『哲学と自然の鏡』野家啓一監訳、産業図書、一九九三年、一九四頁。）

（9）Hubert Dreyfus, "Taylor's (Anti-) Epistemology," p. 67.

（10）たとえば「神」の実在を自明とみて、枠組の「開放」の方を自然化するのも当然問題のある偏向である。しかし「そうした人々の数は、おそらく彼らと対立する世俗主義的な人々の数よりも多くはないし、彼らの対立相手が享受しているような知的ヘゲモニーに接近することもほとんどできない」として、テイラーは後者に批判を集中させる（SA.551）。

(11) マックス・ウェーバー『職業としての学問』尾高邦雄訳、岩波書店、一九三六年（一九八〇年改訳）、七三頁。

(12) Charles Taylor, *The Language Animal*, Cambridge, Massachusetts and London: The Belknap Press of Harvard University Press, 2016, p. 91.

(13) テイラーにおける受肉論と教会論との密接な連関については、再び以下の論考を参照。坪光生雄「切断に抗して――チャールズ・テイラーの受肉の思想」（前掲）。

布施圭司 著『ヤスパース 交わりとしての思惟——暗号思想と交わり思想』

昭和堂、二〇一六年

若見理江

本書は、著者が二〇一四年度に学位申請論文として提出した「ヤスパースにおける暗号思想と交わり思想の展開——交わりとしての思惟」に若干の修正を加えたものである。

著者は、ヤスパースの「思惟」に関する従来の解釈を次の三つに分類している。①実存思想一般と同様に、ヤスパース哲学を非合理主義（神秘主義）と見なす。②「実存」という非合理主義的な要素を認めつつ、「理性」や「交わり」といった明るく開かれた思惟の姿勢を評価する。③「実存」と「理性」の相克を相克のまま受け取ろうとする。本書は③の方向に与し、「実存」と「理性」、「信仰」と「思惟」の相即をヤスパース哲学の特徴と見なす立場をとる。しかし、本書が従来の研究から区別されるのは、「相即」を主張するためには「実存すること」における思惟の働きを明確化することが必要だと考える点にある。そこで注目されるのが、ヤスパース自身が明確に述べていない「暗号」と「交わり」の関係であり、これら二つの契機が『哲学』（一九三二年）から『真理について』（一九四七年）を経て『啓示に面しての哲学的信仰』（一九六二年）に至るヤスパースの思想全体においてどのように変遷していったかを考察することが課題となる。

本書の構成は次の通りである。第一章「ヤスパースにおける「実存」の概念と内実——キェルケゴールとの比較」、第二章「「思惟の思惟」としての哲学的論理学と「交わりへの信仰」としての哲学的信仰」、第三章「暗号思想の展開」、第四章「「交わりとしての思惟」」、第五章「「交わり思想の展開」」、第四章「交わりとしての思惟」に関する他の思想との比較」。このうち第三章、第四章、第五章は、それぞれ三つの節に分けられている。

まず第一章では、ヤスパースの「実存」概念はキェルケゴールの「実存」を捉え直したものであるが、両者の大きな相違点として、ヤスパースにおいては「実存することの場が内在者である」ことが示される。キェルケゴールにおいては、真に現実的に実存するためには、現実の世界にある自己を打ち捨ててキリストを模倣することが必要とされるのに対して、ヤスパースにおいては、人間がその内にある現実の世界は、我々が内在的なあり方で接するものとしては差し当たり否定されるが、「暗号」となることによって、超越者に充実された高次の現実になる。つまり、ヤスパースにおいては、「暗号」の媒介によって「実存することの現実」と「現実の世界」の乖離が克服されているのであり、著者はこうしたヤスパースの「現実」の捉え方に意義を見出すのである。

第二章では、『理性と実存』（一九三五年）以降、ヤスパースは「哲学的論理学」（思惟の自己反省）と「哲学的信仰」（実存の信仰）という二つの術語を用いて「実存」と「超越者」の関係を論究するようになることが指摘され、「哲学的論理学」と「哲学的信仰」の関係が考察される。「哲学的論理学」は、思惟の反省に止まらず、対象的な認識を越えて「包越者」を感得させ、「根本知」（存在そのものへの視点）を与える。そして「哲学的信仰」は、対象存在を超越者の「暗号」として受容する実存の信仰ではあるが、「哲学的」と言われているように思惟を手段とする。「包越者」とは「主観と客観を越え包むもの」であり、大きく「主観」と「客観」の二つの方向に分けられ、「我々がそれであるところの包越者」（主観）として「現存在」「意識一般」「精神」「実存」の四つ、「存在自身がそれであるところの包越者」（客観）として「世界」「超越者」の二つ、計六つの様態がある。我々が対象的認識の限界に至るとき、個々の対象は「包越者」を指し示す「暗号」となるのである。

「哲学的信仰」は「暗号への信仰」であり、包越者論は「暗号」を可能にするものとして、「哲学的信仰」を可能にする。「哲学的信仰」は実存の交わりにおいて成立するのであるが、実存が真の交わりへと開かれるためには、「哲学的信仰」において働いている「理性」の思惟を開明し促進させる思惟の思惟、つまり「哲学的論理学」が必要であり、「哲学的信仰」と「哲学的論理学」は相依相属していると著者は考える。

第三章で暗号思想の展開が考察されるが、この章に入って散見されるのが「分かりづらい」「理解しづらい」という表現である。ヤスパース自身が整合的に説明しておらず、ヤスパースの著作において位置づけを変えていく暗号思想を、何とか理解し整理しようと格闘した跡が垣間見える。

著者は「暗号」を「今－ここにある物事の代替されない絶対的現実」と定義する。「暗号」は「実存に対する超越者の現れ」であるが、「解釈されえない」。つまり、他のものによってその意味を説明することができず、そのものとして受け取るしかないのであり、「超越者」は「可能性なき現実性」として現れるのである。「暗号」についての基本的な部分は、個々の暗号と「挫折」の暗号の動的構造が語られた『哲学』以後も変わりないが、ヤスパースの思想全体における位置づけが変わっていることを著者は指摘する。『真理について』では、「統一への意志」や「交わりの意志」としての「理性」が哲学の手段とされたことに伴い、「あらゆるものの統一」という観点から暗号が説明され、個々の暗号を越えるものが言及されている。そして『啓示に面しての哲学的信仰』では、暗号同士の「闘争」が明確に語られ、「全ての暗号の彼岸」という思想が導入される。思惟は「挫折」を経験し、自己否定することによって世界から超出するのだが、そこに止まるのではなく、世界と暗号解読へと還帰するのである。著者は、こうした「自己否定する思惟」は実は「理性」ではないかと指摘する。「理性」の導入によって、「哲学的信仰」と「啓示信仰」の関わりが主題化されるようになるのである。

第四章では、「交わり」の基本的な概念は『哲学』において叙述されており、その後も大きな変更はないが、ヤスパースの思想における位置づけが変化していることが指摘される。『理性と実存』や『真理について』では、「交わりの意志」や「統一への意志」としての「理性」が導入されたことにより、哲学の方法、超越者の探求の方法として「理性的交わり」が位置づけられている。「実存的交わり」は「狭い」交わりであり、一対一の個人同士の交わりであるのに対し、「理性的交わり」は「広い」交わりであり、非完結的な仕方で全体的な交わりを志向する。しかしさらに『哲学的信仰』(一九四八年)や『啓示に面しての哲学的信仰』では、理性的交わりによって哲学することが「哲学的信仰」と呼ばれ、「哲学的信仰」と「啓示信仰」が互いに否定し合い、互いに相手を承認する交わりが模索されている。「全ての暗号の彼岸」は「自己否定する思惟」を要求し、「哲学的信仰」と「啓示信仰」の共通の基盤となるのであり、著者は、「哲学的信仰」が自らの「交わりとしての思惟」を自覚するためには「啓示信仰」を必要とすると考えるのである。

そして最後の第五章では、第一節でカントの「共通感覚」、第二節でキェルケゴールの「逆説」および東洋思想の「レンマ」、そして第三節で田辺元における対他関係がヤスパースと比較され、「交わりとしての思惟」に関して考察がさらに深められている。

以上簡単に要約してきたが、本書を読むと、ヤスパースの「暗号」および「交わり」の思想が自己批判を加えながら徐々に発展していったことが理解できる。たとえば『哲学』第三巻『形而上学』に出てくる「可能性なき現実性」という「超越者」の性格について、著者は「分かりづらいが」とことわりつつも「唯一の「これ」」(七〇頁)と定義する。ヤスパースの思想に慣れない者にとっては、なぜそれで超越者に出会っていると確証できるのかと疑問に感じられるが、読み進めていくと、個々の暗号の絶対化を防止する「挫折」の暗号(七四頁)があること、さらにヤスパースの中で「自己にとっての暗号と他者にとっての暗号の相克」（八四頁）という問題が生じてきて「交わりのために自己の暗号を放棄することが主張されるようになる」（八五頁）ことが指摘されており、ヤスパース自身が自らの思想に含まれる問題を解決しようとしていたことがよくわかる。

とはいえ疑問が完全に解消されるわけではない。「可能性なき現実性」という表現について、著者はヤスパースの文章を引きながら、「可能性」とは「経験的現実」であり（六九頁）、自然や社会的状況が「自己にとって代替不可能な現実」（七六頁）として受け取られるとき、それが「可能性なき現実性」であると説明するのだが、そうした「可能性なき現実性」に直面したとき「可能的実存」はどのようになっているのか、また「実存」の側の「可能性」はどのように解されるのかについて明らかではない。たしかに本書を読んでいくと、以上の点を補完する箇所は所々ある（四八、六七―七一、七六―七九、一一八―一一九、一五〇、一六五、一六八―一七〇、一八七頁）。しかし、「暗号解読においては主観も客観も、主観‐客観‐分裂における主観と客観であることを止め、客観に貫通された主観、主観に貫通された客観に変容し、主観と客観の相互浸透が見られる」（八六頁）のであれば、そして「交わり」が重要となってくるのであれば、「主観」の側である「実存」の様態を明確に説明することが求められるのではないか。

もっとも本書の目的は、ヤスパースの哲学において「暗号」と「交わり」がどのように関係し、変遷したかを明らかにすることであり、その課題は達成された。著者は「結び」で、ヤスパースの社会的・政治的思想に関しては扱うことができなかったと述べ、それが今後の課題になることを告げている。「暗号」と「交わり」の関係を踏まえて行われる考察は、さらにヤスパース研究の発展に貢献するものとなるだろう。

書評

澤井義次 著『シャンカラ派の思想と信仰』

慶應義塾大学出版会、二〇一六年

小田淑子

本書は、ヴェーダーンタ哲学者シャンカラを開祖とするヒンドゥー教の一派であり、今日まで存続するシャンカラ派の思想と信仰を宗教学的に解明した労作である。シャンカラはヴェーダーンタ哲学者としてよく知られているが、シャンカラ派については概説書ではほとんど紹介されていない。シャンカラ派の大多数は在家信者であり、本書ではシャンカラの思想解明は予想外に少なく、在家信者の思想と信仰の研究が主要テーマである。ヒンドゥー教の生きた伝統におけるシャンカラの存在と意味、世師と寺院の役割、神々への崇拝や祭儀・儀礼の複雑な信仰世界が解明されている。日本におけるインド宗教の研究は初期仏教、古代インド哲学、さらにジャイナ教の諸思想の文献学的・哲学的研究に偏重しており、今日まで続くヒンドゥー教の歴史と思想・信仰の研究は非常に少なかった。本書は一方では、シャンカラの著作やヴェーダーンタ哲学思想を考察し、シャンカラの伝記や讃詩、さらにそれぞれの注釈書など多様な文献を参照し、他方で現地調査の方法も併用して、生きた信仰伝統を一つのテクストとして扱い、文献による思想との齟齬と共通性を考察しつつ、その意味世界の解明を試みている。本書はヒンドゥー教の生きた宗教伝統という研究の空白領域を埋める重要な研究の先駆けとなるとともに、本書が試みた宗教研究の方法論の応用の可能性についても学ぶことの多い著作である。

本書は博士論文を基に書かれているため、ヒンドゥー教全般の概説はない。先行研究や方法論の概要から始まるが、主要テーマと密接に関連する問題の一つがシャンカラの著作の真偽判断である。近代文献学研究によれば、大多数の著作が後代のもので偽作と結論されているが、シャンカラ派ではすべてをシャンカラの真作、聖典として扱っている。特に神々への讃詩（バクティ頌）の著作は、解脱の方法を神々への信仰によってではなく、無限定・無属性のブラフマンの明知のみによると断言するシャンカラの哲学思想を基準にすれば、逸脱であり偽作と結論されたが、シャンカラ派の信仰伝統では非常に重視されてきた。讃詩は在家信者にとって、シャンカラが深遠な真理を分かりやすく説いたものとして親しまれ唱えられている。なお、シャンカラ派の在家信者はスマールタ派とも呼ばれ、ヴェーダの祭式を遵守する人々でもある。著者が何度も述べるように、シャンカラ個人の思想と在家信者の思想と信仰は矛盾する。従来のインド哲学研究は哲学を基準にして、在家信者の思想を逸脱とみなし、無視してきた。だが、在家信者の信仰伝統こそが今日まで存続するインドの宗教の歴史であり、宗教学はそれを逸脱として切り捨てない。著者は従来のインド哲学研究に留まらず、それを無視しないが、宗教学的研究に踏み込んでいる。

シュリンゲーリ寺院はシャンカラの創設とされ、今日でもシャンカラの不二一元論哲学の伝統を守る僧院という意味をもつ。寺院は本来、出家遊行者の学習の場だったが、やがて在家信者たちの神々と世師の崇拝の場となり、さらに世師やシャーラダー神および寺院への巡礼地にもなっている。巡礼にはシャンカラを知らない一般のヒンドゥー教徒たちも参加する。シャンカラ派では開祖の後継者を世師（シャンカラチャーリヤ）と呼び、現代まで続いている。世師は寺院の法主を務め、重要な役割を担っている。伝説的伝記によれば、シャンカラ自身がシヴァ神の化身である。ヒンドゥー教が仏教などの影響で衰えた時代に、シヴァ神が彼に化身して宗教伝統を救い、人々の苦難を救ったと信じられている。世師の引継ぎは、後継者候補を探して出家させ、先代の世師が死ぬときその魂を受け継ぐ。つまり代々の世師もシャンカラの化身と信じられている。シャンカラ自身は究極の実在である神の化身として、そして世師たちも信仰対象である。世師は出家遊行者であるゆえに、自分の解脱のためではなく、人々のためにシュリンゲーリ寺院でさまざまな神崇拝を行う。また出家者のみならず在家信者にもヴェーダを教え、後者とも師弟の関係を結んでいる。それがシャンカラ派の信仰の一つの特徴だと著者は述べている。世師は超自然的な力をもち、在家信者はときに世師に病治しやその他の現世利益を頼み、実際に世師が起こした奇跡の事例も挙げられている。

シャンカラ派では出家者の解脱と在家信者の救いは異なり、救いの境地と方法・手段に二種類あることが強調されている。それは、シャンカラの伝記の中で、彼の母が臨終の際に出家者の解脱ではなく、神々の世界への昇天を願った物語に明示されている。母は無属性ブラフマンに喜びを見いだせず、神の世界へ行くことを願ったため、シャンカラは神の使いを呼び、母は「最高の境地」に辿り着いた。その境地は伝記の注釈者によれば、ニルヴァーナやムクティ（解脱）と表現されているという（一九四頁）。この母の物語はシャンカラ派の大多数の在家信者の願いを示唆する。有属性ブラフマンは神々として崇拝対象となり、バクティ（信仰）によって救いに至るとする。在家信者にとっては信仰こそが救いの方法である。しかも、在家者の救いも出家遊行者の解脱と同等とみなされているという。著者自身もこの点について、「在家の人々の意味世界が、シャンカラなどの不二一元論哲学者の強調した意味世界とかなりずれたかたちで、スマールタ派独自の民俗的コスモロジーを構成している」（一九五頁）と認めている。

最後に、シャンカラ自身が出家遊行者となる過程を含め、出家遊行者の思想と信仰について考察されている。出家遊行者にも二種類あり、すでに明知を得た一切知者である者（生身解脱者）が出家する場合と、明知による解脱を求める出家遊行者である。前者はシャンカラや世師後継者に限られている。シャンカラ派では出家遊行はバラモンに限られており、いつの時代も決して多くない。また希望すれば出家できるのではなく、付くべき師を求め、師に認められねばならない。彼らが解脱にいたるには弟子を導く師を必要とする。世師はまさにそうした師である。師に弟子入りする過程もシャンカラの伝記をなぞるように段階を経る必要がある。シャンカラと母の物語は、息子が出家遊行を希望する際、母は息子が家住者となることを望み、息子の出家を妨げることも示唆する。実際、母の死後に出家した例もある。シャンカラは家住者とならずに出家したが、出家の際の母との約束どおり母の臨終を看取り、葬儀も行った。出家遊行者は本来一切の世俗を捨てた存在で、母の看取りも祭儀も行わないことが原則であるが、伝記がこの出来事を伝えている。それはシャンカラの行為が好ましい意味で受け取られるからだろう。

本書の特徴は今日も生きているヒンドゥー教の宗教学的研究であり、ヒンドゥー教について概説程度の知識しかなかった評者には新しく知ったことが多い。だが、その知識によってヒンドゥー教のすべてがすっきり分かったというより、今までの知識とのズレに混乱するほどである。特に在家信者の救いが出家者の究極の解脱と等しいなら、もはや輪廻しないことを意味するのか否か疑問が残る。また神々の化身は知っていたが、シャンカラのような歴史的人物の化身についても、解脱の観念と整合するのか否か疑問が残った。解脱者が化身してこの世に再来するなら、仏教でいう回向のようにも思える。

評者は生きたヒンドゥー教の宗教を読み解く著者の方法と試みを高く評価する。恐らくインドの多神教の民俗宗教の世界には教義体系は存在しない。本書の価値はヒンドゥー教の生きた伝統の宗教学的解明というテーマを超えて、一方に哲学的教義体系を保持しつつ、同時に教義の明確ではない複層的な民間信仰が並存する日本などの宗教伝統を宗教学的に解明する方法論的試みとして、重要な示唆を含んでいる。日本仏教の場合、教義仏教と、先祖祭祀と死者儀礼が重要な生活仏教とのズレが大きく、ヒンドゥー教のように二種類の救いを強調するわけでもない。日本の場合、仏教とは異質な神道の伝統が民俗的宗教世界に混在するため、本書とは異なる方法を探さねばならないだろうが、本書の試みはその解明を勇気づけるものである。著者は本書の方法論として一九七〇年代から八〇年代に主流だった宗教現象学的方法を強く意識している。同時代を過ごしてきた評者は共感を覚えるが、現在の宗教学では宗教現象学的方法はほとんど忘れ去られている。本書の方法の有効性の検証は、本書の研究内容の評価とは別の視点から行うことも可能で、宗教現象学の検証や再考がなされる際に本書は考慮されるべきだろう。

最後に、今後の著者に期待したい点は、本書では省かれた概説部分の説明と、本書では専門家以外には分かりにくさを残した部分のより詳細な説明を含むヒンドゥー教の新しい概説書を書いてほしい。その中では、シャンカラ派がヒンドゥー教全体の中でどのような組織を持つのか、またそれに相当する宗派が他にもあるのかどうか、つまりヒンドゥー教という伝統の中で宗派はどの程度の意味をもつのかを説明してほしい。日本の多神教でも複数の神々の崇拝は矛盾なく行われてきたが、ヒンドゥー教ではシヴァ神、ヴィシュヌ神、シャーラダー神、五神・六神といった神々の崇拝がどのように重層化し、あるいは逆に相互に異質性を主張するのか否かといった点も詳しい説明がほしい。シャンカラのような歴史的人物の化身が他にも存在するのか否か、そして既述した解脱と信仰による救いのさらなる説明を切望する。

華園聰麿 著『宗教現象学入門——人間学への視線から』

平凡社、二〇一六年

高田信良

本書は、「すでに発表した諸論文を組み替え、添削を加えるとともに、第二章第五節および第四章第五節ならびに終章を新たに書き加えて構成」(あとがき)されたもので、筆者の「宗教」研究の思索を集大成的にまとめて、さらなる「宗教」研究への展望を指し示された労作である。「人間学的理解」という統一的な視点を提示したものの、「実際には個別の研究者の

人間学的関心を取り上げることに終始し」ているが、「本書は「宗教」という光源によって照射される「人間」の存在および生のさまざまな相貌や特質を、合理的な知や経験にとっての「余剰」あるいは「宗教」が開示する「大いなるもの」を見据えながら闡明するためのささやかな「試み」である」(二七九—二八〇頁)。

(筆者が使う)「宗教学」「宗教現象学」「人間学」はきわめて多義的であるが、筆者が志向する人間学への視線からの「宗教」研究の方向性を評者が理解した限りで本人の言葉を用いて再構成をして、このような方向性を指し示す「宗教現象学」の大いなる「入門」書であることを紹介することで書評としたい。

[序章]「いわゆる比較宗教学もしくはより一般的には宗教現象学と称されてきた、「宗教」の一般的理解を目指す分野」に

における「宗教の本質論あるいは類型論という立場で追求された「宗教」ないし「宗教的生」の特質に関する研究内容を比較してみると、宗教を通じて「人間」もしくは「人間であること」あるいは「人間として生きること」の特徴や意義を明らかにしようとする問題意識ないし問題方向」が見いだされる。それを「宗教の「人間学的理解」という用語で概括して」、その具体的内容を、フリードリヒ・マックス・ミュラー、ルードルフ・オットー、ヘラルドゥス・ファン・デル・レーウ、ミルチャ・エリアーデ、グスターフ・メンシングの「研究業績に即して浮き彫りにすることが本書の意図である」(七頁)。

〔第一章〕「「宗教学」〔および、比較宗教学、宗教現象学、人間学〕のアイデンティティそのものを問題にすることが主眼ではなくして、一定のアイデンティティを前提した上で、それを共有していると見なされる宗教学説の中に、宗教研究の焦点ないし宗教を理解するための主要な枠組として「人間」もしくは「宗教と人間」に着目した、あるいはその考察を中心課題とした学説を取り上げて、宗教学という学問の研究の特色を浮き彫りにすることが目的である」(一二頁)。

「宗教」の一般的理解を目指す学、「宗教学」(the science of religion, Religionswissenschaft, the history of religions)、このような学の始まりをマックス・ミュラーに見る。ミュラーの「「宗教の比較」ないし「比較宗教」という学問的方法」、意図を、「類型論」という形式をその原理に採る「宗教現象学が継承している」。そして、「宗教あるいは宗教現象を通じて、人間の本質的な特性を把握しようとする試み」を、筆者は、マックス・ミュラーの理解にしたがって、哲学者ヘーゲルに見いだすことができると言う。ミュラーは「ヘーゲルは人間精神の心理学的成長ではなくして、理念の発展(development)における論理的必然性という観点から、あるべきであるところのものを宗教の歴史の中に見ようとした」と言う。「これはヘーゲルの宗教研究とみずからのそれとの違いを指摘した文脈での言い方である。その要点は、「理念」に替えて自分はみずからが企画した『東方聖書』に記録されている「諸事実」を拠所として、ちょうど地球の地質学上の年代記を解読するような仕方で、諸事実の中に宗教の歴史の原因・理由および結実を発見しようとするものだ、というのであるが、実は宗教の歴史を人間精神の論理的発展とみるか、人間の心理的成長の過程と見るか、の相違はあっても、宗教の歴史の中に「人間」を見ようとしている点では両者は同じ立場にたっているのである。つまり宗教研究の根本動機から見ると、ミュラーはヘーゲルの後継者と言っても過言ではないのである」(一五—一六頁)。

〔終章〕「マックス・ミュラーが宗教を通じて人間を見ているのは、「彼方」(beyond)へのその眼差しであり、それは宗教を「無限なるものの知覚」と定義したことに現れている」(二七一頁)。

「同じように宗教を人間の経験の特殊なケースとして捉えた

ルードルフ・オットーもまた、その核心部分を合理的な理解と表現の埒外に見た限りでは、やはりミュラーと同じように「彼方」もしくは「超越」へと目を向けていた。しかし彼とは異なり、オットーにとってはその「彼方」そのものがいわば有限的認識に対する反省を通じてではなく、直接に感じ取られ経験されるものと見なされ、その感情ないし経験の内実の特殊性が注目されて、それを表現するために「ヌミノーゼ」という語が新たに提唱された」（二七二頁）。

［第二章］「オットーがヌミノーゼの感情の客体連関性を言うのは、ヌミノーゼの感情を「魂の底」から自覚めさせられるものと措定して、そのア・プリオリ性を「素質」の概念を適用することによって確保した上で、これが外部からの刺激により、言い換えれば「私の外にある客体」が与える類似の感覚知覚によって呼び起こされて発動し、その客体を「神的なるもの」と認識して、それに相応する「理念」を形成していく、という「宗教」の発展史あるいは展開史の構想に由来すると推測される。オットーにとっては人間のどのような本質的資質から「神」もしくは「神的なるもの」の観念が発現するのか、ということが神学的および宗教学的な根本関心事であった」（七一頁）。

「ゲーテ〔『ファウスト』〕が「恐れ戦くこと」を「人間であることの最良の部分」と見た点にこそオットーの共感があった」。「オットーの言葉で言い表せば、「ヌミノーゼの感情こそ人間であること（Menschentum）の最良の部分である」ということになるであろう。ゲーテの「Schaudern」の語を「Erschauern」と言い換えたとき、同時にオットーはこのことを確信したはずである。なぜならば彼は「身震いする」ことを、宗教に固有の「ヌミノーゼの感情」の特質を最初に表す要素（Element）、すなわち「tremendum」、「戦慄すべきもの」（das Schauervolle）と見なしたからである」（七三頁）。

［第三章］（レーウ『宗教現象学』一九三三年、など）

「ファン・デル・レーウの「宗教現象学」の構想はシャントピー・ド・ラ・ソーセイの影響下にあった」。シャントピー・ド・ラ・ソーセイが「外的行為を内的なものから理解することをヘーゲルから学び、「宗教の外的形態も内的プロセスからのみ説明される」という研究視点を打ち出したことであった。その際に「宗教」を「人間の意識の事実」（facts of human consciousness）と規定しながらも彼が実際に試みたのは宗教的意識の分析ではなくして、「最も重要な部類の宗教現象の意味を論じること」であり、要するに、宗教の諸現象の分類であった。ファン・デル・レーウにとって「内的プロセス」は「力」ないし「力あるもの」（das Mächtige）の体験（Erlebnis）であり、このようなものとしての「人間の生」である。すなわち力あるいは力あるものが「他者」（das Andere）として体験される、言い換えればそれと関わって「生きる」（er-lebt）ところに「宗教的体験」が成り立つと考えられている」（一一七－一一八頁）。

ファン・デル・レーウは、「人間の「生」を可能性への関わりと規定し、そこに人間の「自由」と「不安」を結びつけた。ただし彼はそれを哲学的存在論として展開するのではなく、生の可能性を「力」として捉え直し、さらに、力の属性を「聖」とみなしてそこに「宗教」を結びつけ、力への関わりを「宗教現象」と読み替えて、その類型論を構築した」（二七三頁）。

ファン・デル・レーウの「宗教現象学」は歴史的・社会的脈絡の恣意的な無視であり、壮大なフィクションあるいは一篇の「文芸作品」と映ずるかもしれない。とりわけ問題なのは、「宗教」あるいは「宗教性」の根拠を、「生」を可能性と見なし、それと関わるところおよび関わり方に求めようとすることである。（二七三―二七四頁）

［第四章］（エリアーデ『探求　宗教の歴史と意味』一九六〇年、『世界宗教史』一九七六年、など）

「エリアーデの宗教学を人間学的に理解する際に重要視されるべき概念」として、「「ホモ・シンボリクス」（象徴人）、「人間の類型概念」むしろ人間の本質概念としての「ホモ・レリギオースス」（宗教人）」、そして、「歴史的もしくは経験的概念としての「宗教的人間」（religious man）」に筆者は注目する（二一四頁）。

エリアーデの「宗教類型論から」筆者が構想する「人間学への糸口を見つけることに努め」るなかで、「彼がみずからの宗教学の方向を哲学的人間学へと展開させる可能性を示しながら、実際には「宗教学的人間学」とでも言い得る方向に対してより多くの可能性を示唆した」、「それは、宗教的実存に対して開示される「聖なる存在者」、つまりヒエロファニーが啓示する人間学的意味を「カテゴリー」として取り出し、それを人間の自己理解および世界理解の枠組みとして組織化することを目指すことである」、と筆者は理解する（二三三頁）。

「ファン・デル・レーウにしてもエリアーデにしても、それぞれの学問的な方法である類型論は、具体的な諸宗教が示す宗教的事象を言わば横断的に切り取り、たとえば前者は「宗教の現象学」を構成する諸部分に割り当て、そこにはめ込むという形で、また、後者のほうは「聖なるもの」のシンボリズムとして解釈し、シンボリズムの類型化の中へ取り込むという形で、いずれも個別の宗教内部の脈絡からは切り離している。これに対して個別の宗教の「担い手」に着目して、その宗教的な生き方に人間学的な問題を見ようとしたのが、ドイツの宗教学者グスターフ・メンシングである」（二三三―二三四頁）。

［第五章］（メンシング『比較宗教学』一九四九年、『宗教　現象形式・構造類型・生の法則』一九五九年、など）

メンシングの「類型論の根本的な内容をなす「民族宗教」（Volksreligion）と「普遍宗教（universale Religion）もしくは世界宗教（Weltreligion）」という類型が、それぞれの類型の宗教の「担い手」（Träger）に着目したものである」。「「担い手」の人間的な特性の違い、すなわち集団主義的（kollektivistisch）なアイデンティティをもつ人間のタイプと個人主義的（individualistisch）

なそれを持つタイプとの相違を意味しており、それがまた両タイプの「人間の現実の在り方」に関する認識の相違ならびに人間の幸福ないし救いの観念およびその獲得方法の相違と関連づけられて、対比的に論じられているのである」（二四〇頁）。

書評

高田信良 著『宗教としての仏教』

法蔵館、二〇一六年

長谷川琢哉

1 はじめに

『宗教としての仏教』と題された本書は、「宗教・仏教・真宗・哲学」を研究してきた著者が、一九七五年から二〇一五年の間、様々な機会に行ってきた思索をまとめた論集である。「仏教における宗教の教学」を求めて」と題された第一部では、主に日本宗教学会学術大会での発表要旨が再録されており、「「宗教・仏教・真宗・哲学」を考える」と題された第二部では、龍谷大学紀要に発表された論文が再録されている。

そこで論じられるテーマは実に多様である。本書の目次には「宗教と科学」、「宗教対話」、「仏教と倫理」、「《真宗の教学》と宗教哲学」等々、様々なテーマが並べられている。とはいえ、それらの論考を貫く著者のスタンスは一貫しており、また本書を読むと、著者がなぜそうした多様なテーマに取り組まなければならなかったのかということもはっきりと見えてくる。そしてそのことは、最終的に「宗教としての仏教」という表現へと収斂していくものであると思われる。そこで以下では、まずは第二部に収録された諸論考を手がかりに、「宗教・仏教・真宗・哲学」に対する著者のスタンスを明らかにして、本書の内容の紹介に代えさせていただきたい。そして最後に、本書に対する若干のコメントを付してみたい。

2 本書の内容

本書所収の「仏教と倫理——〈宗教的実践〉についての一考察」にも示されているように、長年著者が思索の出発点としてきたのは、「宗教多元」、すなわち宗教をめぐる多元的状況である。人や物、情報の交流が劇的に進んだ近代以降、複数の宗教の併存・混在という多元性が進展したのは言うまでもないが、それと同時に、「宗教」は様々な諸領域（「倫理」や「政治」など）の中の一つとして規定し直されるようになった。「世俗化」とも名指されてきたこのプロセスにおいては、諸宗教の多元性とともに、「宗教」そのものが問いに付されるという意味での多元性が立ち現れてくる。著者はこうした多元性を正面から引き受け、「宗教」ないし「仏教」というものを問い続けてきた。そしてこの際、著者は多元的状況における「宗教」（およびそれと関わる「倫理」等の諸領域）を外から眺めるのではなく、あくまでも自身が主体的に関わっている仏教、とりわけ真宗の立場から問おうとする。それは著者にとっては、他宗教や他領域との出会いを契機に、それらとの「異同・関係」を主題化することを通じた、仏教・真宗（者）のアイデンティティ模索の試みとなる。たとえば「仏教と倫理」という論考では、仏教者の社会実践（「エンゲイジド・ブッディズム」）として主題化されることもあるこの問いに対して、著者はあくまでも仏教者が実践的に直面する「戒律」（あるいは真宗の場合は「破戒、無戒」）の問題として向き合おうとする。戒や無戒をめぐって規定される仏教者の実践は、キリスト者のそれとどのような異同をもつのか。「仏教徒である」ことの倫理性は、他の倫理の主題化（「哲学的」、「世俗的」等）とどのように関わるのか。多元的状況におけるる他との出会いの中でこそ、「宗教」あるいは「仏教」のアイデンティティはラディカルに問い直されうる、というのが著者の基本的なスタンスである。

こうした著者の立ち位置が最も明瞭に示されているのが、本書所収「宗教としての〈親鸞〉思想」であるだろう。著者は冒頭、宗教を簡潔に次のように規定する。「宗教は一定の信のもとに生きる人々の共同体であり、信仰運動態である」（二五頁）。明確な「信」に基づく信仰運動態のみを「宗教」ととらえるという視角は、現代においてはやや「狭い」ものと言えるかもしれない。しかしながら、著者は宗教学の分野で近年行われている「宗教」概念再考論などへの目配りを怠っているわけではない（本書所収「〈仏教（真宗）と近代〉研究序説」）。それらを踏まえた上で、著者は仏教者・真宗者として生き・思索するという立場から、意識的に自身にとっての「宗教」をとらえようとする。実際、著者の龍谷大学での「宗教学・最終講義」を収めた論考では、さらに率直に次のように言われている。「私にとっての宗教は、〈仏様の前に座って、念仏〈なむあみだぶつ〉を称えて、正信偈を読誦すること〉である」（『龍谷哲学論集』第三〇号）。つまり著者の「宗教」規定それ自体が、真宗に対する自身の実践的コミットメントを通して獲得されたものであり、その意味でそれは当然「狭い」ものとならざるをえない。しかし先にも指摘したように、著者はそこから自己を問い他者を問うという以外の道をすべて退けるのである。

「宗教としての〈親鸞〉思想」では、そうした視点から、親鸞における「宗教」や「思想」のあり方がとらえ直される。「いずれの行もおよびかたき身」である親鸞が、いかにして「宗教の中に生きている」ことを発見したのか。つまりいかにして「本願を信じ念仏を申さば仏に成る」との教えに出逢ったのか。そしてその教えをいかにして諸々の経典・論釈から「聞思」したのか。このような問いを通して、著者は「宗教以前」に生きることから、「宗教の中に生きている」ことの発見へと至った親鸞の信仰体験を見出し、その体験を言葉へともたらした親鸞の「思想」を見出している。そして著者自身を含めた親鸞に出逢った人々は、親鸞の信仰と思想を反覆（追体験追思想）し、「正信偈」を唱える主体（信を表白する主体）となることによって、自分にとっての「宗教」および「思想」を形成することができるとする。「親鸞と一味になり、「他力といふは如来の本願力なり」との〈親鸞〉の思想に生きる。そのような人々（御同行御同朋）が生きるところに「宗教としての〈親鸞〉思想」が見出される」（一〇七–八頁）。ここで言われる「宗教としての〈親鸞〉思想」という表現は、本書表題「宗教としての仏教」に直接通ずるものであるだろう。「宗教」は生きられた実践から切り離すことができず、その生きた信仰主体が釈迦や親鸞の思想を絶えず反覆しつつ思索するところに、「宗教」としての「仏教」や「真宗」が立ち現れる。そしてまた、著者にとっての「宗教哲学」という営みも、この場面においてはじめて可能となるのである。

しかしながら、このような「宗教」理解に基づく場合、他宗教との出会いはどのようなものとなるのか。このことを、本書所収「宗教における〈信・救い〉の一考察――バルト「神の名」論、親鸞「本願の名号」論、ブーバー〈根元語〉」から見ておきたい。ここでの著者の課題は、カール・バルトと親鸞にみられる「宗教」ないし「信仰」を、ブーバーの「根元語」という概念を軸に比較することである。周知のようにブーバーは、人間世界の二重性を「我–汝」、および「我–それ」という、二つの「根元語（Grundwort）」の違いによって区別した。前者は神と人間とが対面している世界であり、後者は人間と諸存在者とが対置されている世界である。著者によれば、バルトもまた、ブーバーの言う二重性のもとに生きている。著者はそれを「我–汝、我–それ」の「二重世界」と呼ぶ。バルトにおいては、存在の二重性・差異性のただ中に生きる人間にとって、「神の名」ないし「イエスの言行」として出会われる神の現実性こそが「啓示」であり、それを信じることで「宗教の真実」が成立する。他方親鸞の場合、バルトとは異なり、「我–汝–それ」という一重世界に生きていると著者は見る。仏教では、すべてが「生死輪廻」する一重の世界を見据えており、そこでは「迷悟」という認識上の差異こそが問題となるからだ。それゆえ阿弥陀仏の本願を受けとめるところに生じる信仰も、神と人間が隔たった世界における啓示ではなく、迷いの闇をはらう認識上の転回として理解される。もちろん親鸞の場合にも、本願力回向は阿弥陀仏の名「南無阿弥陀仏」によって現実化されるわけだが、しかしそれは「凡夫の唱える念仏［行］と本願のはたらき［大行］とが信心において相即的一体的に理解される」（一五七頁）ようなものなのだ。ある意味では、バルトと親鸞は、ともに「神の名」、「仏の名」を信仰者が主体化するところに宗教の本質を見ており、そこに両者の「応答性」を見出すこともできる。しかし神の名の主体化が、神と人間の存在上の差異を背景に生じるのか、あるいは「迷悟」という認識上の差異を背景に生じるのかという点に、根本的な隔たりがあると著者は結論づける。われわれの問いに戻るならば、著者は、親鸞（および著者自身）において「宗教の真実」が成立するという根源的な場面に立ちながら、その上でバルトの神学的立場との異同を見定めていると言えるだろう。そこにおいては、キリスト教神学と仏教・真宗との「応答性」を見出すこともできるが、しかし同時に両者の差異は決して縮減されるものではない。おそらくこうした試みは、バルト神学と対面した仏教者・真宗者としての、止むことのない自己探求の試みとみなすべきものであるだろう。

3 若干のコメント

以上の本書の議論を受け、評者なりのコメントを付してみたい。われわれが見てきたように、著者の思索が仏教者・真宗者としての自己探求の試みであるとすれば、著者が本書において多種多様な主題に取り組んだこともうなずける。つまり仏教者・真宗者とは誰であるのかを理解するためには、他者の媒介がどうしても必要なのである。それはキリスト教などの他宗教だけでなく、科学や宗教学、社会学など様々な領域の知との対話によってもなされなければならない。しかしそうであるとすれば、著者の仕事はどこかではっきりと終わるようなものとはならないかもしれない。本書に掲載された中でも比較的近年の論考では、著者の語り口はやや断片化し、単純な結論を避けているようにも見える。そうした語り口の断片化は、アイデンティティの探求が終わりなき他者との対話へと開かれているという事態を反映しているのではないだろうか。いずれにせよ、開かれた他者との対話の中で「親鸞における仏教理解」の「新たな自己表現の言葉」を模索するという著者の研究スタイルは、今後もその重要性を失うことはないだろう。そしてそれは同時代の諸領域との対話において（あるいは著者とは別の者の手によっても）更新され続けるべきものであるだろう。

書評

星川啓慈 著『宗教哲学論考——ウィトゲンシュタイン・脳科学・シュッツ』

明石書店、二〇一七年

佐藤啓介

本書は、我が国において分析哲学・言語哲学のアプローチによる宗教哲学をリードしてきた著者が、前著『言語ゲームとしての宗教』（一九九七年）、『宗教と〈他〉なるもの』（二〇一一年）とあわせて、「宗教哲学の三部作」（三六三頁）として刊行した本である。英語圏の宗教哲学ではスタンダードである分析哲学・言語哲学的アプローチは、我が国においては必ずしも盛んであるとはいえず、著者はそうした状況のなか、なかば孤軍奮闘ともいえる姿勢で、このアプローチによって未開拓のままであった宗教哲学の諸問題を開拓し、貴重な研究を世に問いつづけてきた（評者もまた、そこから多くを学ばせていただいた一人である）。その著者の到達点ともいえる本書が、我が国の宗教哲学研究において占める位置は、きわめて重要なものとなるはずである。

本書のタイトル「宗教哲学論考」からは、誰しもウィトゲンシュタインの『論理哲学論考』を想起せざるをえず、その点については「あとがき」で控えめに記すのみだが、著者の本書に対して込めた想いの重さを感じ取ることができよう。内容は三部構成になっており、副題の「ウィトゲンシュタイン・脳科学・シュッツ」が、その構成をそのまま表している。以下では、本書の内容を各部ごとに概略したのち、「現代における宗教哲学」という観点からの書評をおこなっていきたい。

本書第Ⅰ部は「ウィトゲンシュタインの生と哲学」と題され、三章構成になっている。読者は、前著でも展開された、ウィトゲンシュタイニアン・フィデイズムの立場からの「言語ゲームとしての宗教」論が展開されると予想するだろうが、本書では、その予想を大きく踏み越えた議論が展開されている。著者は、ウィトゲンシュタインがかつて滞在した山小屋を訪問し、また、彼の日記類の手稿を文献学的に精査し、さらには精神医学的アプローチをも援用することで、ウィトゲンシュタインという一人の人物の宗教体験ないし「宗教的生」を、復元し追体験しようと試みている。ここには、読者が一般的にイメージする「哲学者」ウィトゲンシュタインとは大きく異なる、ウィトゲンシュタインの宗教的実存とでもいうべきものが生々しく提示されている。特に、第二章では、専門外の評者には成否の判断がつきかねるにせよ、『草稿』の手書きの状態まで確認するという徹底した文献学的検討がなされている。そして、そうした裏づけのもとで、『論考』におけるかの有名な「沈黙」を解釈し、『論理哲学論考』とは……（1）論理学的に言語の限界を明確に確定し、（2）神について語ることを禁じて「語りえない」宗教の領域を護り、（3）「語る／示す」「語りうるもの／語りえないもの」という二本の基軸によって独創的な否定神学を構築した書物である」（一五四頁、傍点強調は省略）という、大胆にして説得的な解釈を提示している。

第Ⅱ部は「宗教と神経科学」と題され、二つの章が配置されている。第四章は、自由意志の存在をめぐって神経生理学的実験をおこなったリベットをとりあげ、その実験や研究の内容そのものを客観的に論じるというより、第Ⅰ部同様、リベットという一人の人物の宗教的生（ユダヤ教信仰）から、学者としての彼の生の営みを捉え返す章である。そこでは「リベットの独特な自由意志の肯定という立場はユダヤ教に由来する」（二三七頁）との結論が提示されている。第五章は、昨今の脳科学の知見を取り入れ、宗教体験が脳の働きに還元されるか否かという、宗教体験論の根本にかかわる問題が扱われている。著者自身もいうように、あくまで構想仮説段階にとどまるが、宗教体験の自律性に固執する立場と、宗教体験を脳の働きへと還元する立場とを、言語論によって架橋するような神経宗教哲学の方向性が記されている。

第Ⅲ部は「「祈り」の分析」と題され、著者の研究の中心にいたシュッツが大きく扱われている。その目的は、シュッツの思想を解釈することよりはむしろ、「祈り」という宗教現象の（おそらく）中核にある体験の分析に対してシュッツの現象学を適用し、祈りにおいて人が何をなしているのかというリアリティを取り出そうとする点にある。著者は、シュッツの現象学的アプローチとウィトゲンシュタインらの言語哲学的アプローチを重ね合わせることで、祈りにおける意識的側面と言語的側面をトータルに扱い、祈りとは「日常生活世界において出現し、この世界のまっただなかにおいて、その有意味な「場」ないし「飛び地」を構成」し（三〇四頁）、「祈る人にとって普段は自明視されている「日常生活世界」を異なる光――たとえば恩寵・賜物・救済といった光――のもとで現れるようにさせ、この日常生活世界を祈りの世界から「見通す」（シュッツ）ことを可能にさせる」体験（二二一頁）であると結論づけている。この第Ⅲ部は、つまるところ宗教体験とは何か、宗教とは何か、という問題に対する、著者の長年の思索がたどりついた一つの結論のようにも思える。

以上、細部までは網羅できなかったが、本書の全体像を紹介してきた。伝統的な宗教哲学では採用されない多様（かつ先進的）なアプローチが盛り込まれつつ、その核においては、伝統的な宗教哲学の根本的な課題（宗教体験論）に正面から取り組んでいる著作であり、また、ウィトゲンシュタインらの「宗教的生」をありのままに取り出そうとする点において、宗教学的・宗教現象学的著作でもある、といえよう。あるいは、こうした読みが許されるならば、読者は、第Ⅲ部の祈りの分析を通して理論的に描かれた宗教体験の生き生きとした実例として、第Ⅰ部で描かれるウィトゲンシュタインの宗教的生を受け取ることができる。たとえば「ウィトゲンシュタイン……の日常の生活が宗教的な光によって照らされ、意味を与えられている」（一九二頁、傍点強調省略）といった著者のフレーズは、第Ⅰ部と第Ⅲ部を理論と実例という関係で理解することを許容してくれるだろう。本書の「まえがき」において、著者は「残念ながら、筆者には「宗教哲学」という学問は現在の世間一般では人気がなくなりつつあるように見えて仕方がない」（二三頁）と危惧している（評者も、その危惧に大いに同意する）。理論研究と実例研究からなる本書は、宗教を哲学の立場から、哲学の分野において考える営みの「面白さ」を存分に伝えてくれる一冊であると評者には感じられた。

ところで、著者が考える「宗教哲学」とは、どのような学問なのであろうか。「まえがき」において、著者は自身の宗教哲学の基本的な二つの立場を明示している。第一に、体系を志向するのではなく、「理性的な思索を重視する哲学と共同して、宗教的な現象やスピリチュアルな現象を研究する」活動としての営み（一五頁）、第二に、「宗教を、特定の宗教の立場を護るために研究するのではなく、「人間の営み」として、いわば「人間学的に」研究する」営み（一六頁）、この二つの立場が著者のいう宗教哲学であるとうかがえる。その規定自体は至って穏当なものであると同時に、現代において可能な宗教哲学とは、このような営みとならざるをえないと評者も同意したい。本書第Ⅰ部のウィトゲンシュタイン研究などは、まさに一人の思想家の「人間の営み」を徹底的に復元しようとした実践である、とみなすこともできるだろう。また、第Ⅱ部における脳科学との対話なども、現時点ではまだ具体的な成果こそ出ないかもしれないが、宗教哲学の将来的な課題として、避けられない一つであろう。

だが、他方で、著者の考える宗教哲学の規定に関して、一点検討の余地があるのではないかと評者には思われた。そして、それは著者の宗教観そのもの——そして本書の根幹——にも関係する点である。第Ⅲ部でシュッツの議論を踏まえて、著者が祈りについて、日常生活世界のただなかにおいて有意味な飛び地を現出させ、日常生活世界を異なる光のもとで見通させる営みであると明らかにしている点は、すでに触れたとおりである。宗教体験の一つの記述として卓抜たるものであり、また体験の意識面・言語面双方のバランスのとれた記述であろう。しかし、他方でここには、著者が宗教体験の世界を日常生活世界と強く区別し、異他なるものとして設定していることもうかがえる。著者も「祈りの飛び地は、その本質が日常生活世界の本質とはまったく異質なものとして理解できる」(三一九—三二〇頁)と述べているとおりである。この点において著者は、宗教の事柄を、他の日常的(世俗的)事柄と区別する伝統的な宗教理解の延長線上に立っている。だが、評者が思うに、宗教の本質論が失効し、宗教概念そのものへの批判を経た現代の宗教研究においては、その宗教/世俗の二分法そのものが根底から問われているのではないだろうか。あるいは、その二分法そのものの発生の起源が問われているのではないだろうか。そして、宗教哲学もまた、そのような地点から宗教を思索する必要に迫られているのではないだろうか。

本書でももちろん、宗教と日常生活世界の単なる二分法が安直に前提されてしているわけではなく、(議論をクリアにするためにおそらく意識的に)前者の祈りを一つの「閉じた」言語ゲームとして捉えつつも、宗教的リアリティに照らして日常生活世界が「見通される」という関係性が分析されている(三四三頁以下)。しかし、『論考』を残したウィトゲンシュタインの人間としての営みが、戦場の一兵士であり、論理学・哲学の思索をした生であり、かつ、神に対して語りかけつつ神について語ることを否定神学的に禁じた生であったように、宗教と日常という二つの世界は、どちらが上位下位ということもなく、実際にはもっと曖昧に即融したものして考えることもできるのではなかろうか。おそらく、これは著者というよりは、それを引き受ける我々の課題であろうが、言語ゲームとしての宗教の「境界」が実際にはどのように揺らぎ、日常生活世界と連続的にどうつながっているのか、といった問題は、これから考えるべき一つの主題、しかも宗教哲学というディシプリンそのものの存亡にかかわる主題であろう。

以上、宗教哲学という学問のあり方という、ずいぶん大きな主題から、不遜な評を述べてしまった。だが、特定の宗教や伝統・文化からあえて一線を引き、分析的で平明な仕方で宗教体験を理論づけ、かつその実例をウィトゲンシュタインらにおいて鋭く掘り下げていく本書は、我が国における宗教哲学において熟読されるべき一冊であり、また、日々うまれつづける新たなアプローチをどう宗教哲学に導入するかという点でも、一つの模範たりうる本であるといえるだろう。

●研究発表要旨●

初期ハイデガーの「現象学」解釈

――「フッサール」と「キリスト教的なもの」との間での「哲学」理念の再解釈

樽田勇樹

ハイデガーにおいて現象学は、哲学の本質を掴むものとしてまずは受容される。しかし彼は、現象学的直観の発見に、厳密学としての哲学理念を踏み越えるような可能性を読み込んでもいる。《「生の形式」としての学》などの言い方で示唆される理念がそれである。

それ故ハイデガーにおける現象学＝哲学理念の再解釈について何を理解しうるかは、「生」という論点の理解に賭けられる。注意さるべきは、ハイデガーがその固有の「生」概念の由来を、原始キリスト教の経験ないしそれを断続的に賦活した精神史的伝統に負わせている点である。同時代の「生」をめぐる言説に対する批判も、「生」のこの把握にもとづいてなされる。

ところでこの思考は、「キリスト教哲学」などの構想ではなく、「哲学」そのものの内的可能性の問い直しという筋に収斂する。従って彼がなしたのは、キリスト教的経験が発見した現実性において哲学の可能性を問い直すことだったのであり、この脈絡で哲学とは何かが鋭く問われざるをえなかったといえる。

発表の意図は、初期ハイデガーの現象学解釈を、フッサール的定式とキリスト教的由来の両者に抗してという二契機から跡づけ、彼が構想する哲学のあり方について、その特徴を理解することにある。

フッサールにおいて、現象学が哲学の本質を掴むとされるのは、「厳密さ」において特徴づけられる文脈においてである。「厳密さ」への要求とは、自らの表現する認識の根拠の「証示」についての「徹底化」への要求であり、この要求の徹底的追求において、哲学は学やその他の表現から区別される。現象学の直観はそれを実現する可能性として発見されており、このモチーフの継承が、ハイデガーに自らの企図を哲学と解することを許している。

他方でハイデガーは、簡単に言って「キリスト教的に」発見された「生」の現実性において、件の厳密さの徹底主義を変容させる。

実際、「直観」に依拠する現象学の態度が、ハイデガーにおいては「生の真正な意味に同行すること」などと言い換えられた上で、「魂の謙虚」などと言われる。フッサールと比べ過剰なのは、謙虚の概念の神秘神学的含意である。この態度の核心にあるのは「自己認識」、キリストにおいて示された真理の高みのうちに、自己をその低さにおいて知る「自己認識」である。つまりハイデガーは「直観」定式における「自らを与えてくるもの」の真理性を、そのものが、それをそれとして「受け取る」ものを、受け取るもの自身のうちに限界づけるということにもとづけるのである。

問題は、現象学的可能性の探求が「生」の現実性においてこのように深化されうるのは、「生」の現実性がどのように理解されるかぎりかという点である。これは、ハイデガーの「生」が、「遂行」という論点において、生であるかぎりの生自身を顕現する真理との関係において経験するという可能性によってあらかじめ規定される点に見いだされる。発表ではこの意味での「生」の発見をハイデガーのパウロ書簡解釈に跡づけ、加えて生をめぐる同時代の言説への批判が、かく得られた「生」に根拠をもつことを示した。生は、自身にとって「生の形式」が問題になる可能性において規定されているのである。

重要なのはこの「生」が、現象学を（厳密さの可能性を）可能にするような構造において、フッサールにおける意識の志向的構造を更新する仕方で規定されることである。志向されるものへの生の関与は、そのつど「動機づけられ―傾向してゆく」という運動連関における関与であり、「私を（世界）へと関与させること」として把握される。ここで「私を」ということが可能なのは、件の運動連関が理解されているかぎりであり、ここに、パウロ解釈でも要となっていた「遂行」（理解）の契機が生の本源的な要素として見て取られ、これが生に生自身を経験させることを可能にするかぎり、現象学をも基づける要素とされる。

現象学の根本問題は、生の遂行が、この遂行においてこの遂行そのものにとって問題であるような仕方で遂行されるという状況が、どのように指示されるかということに集約される。これに対して一貫するハイデガーの方途は、自然的態度における生遂行から差異化される経験の可能性を記述するというものである。発表では、その可能性根拠を、生の遂行に形式的な仕方で内在すると考えられる「言葉」（内なる言葉）に指摘し、『存在と時間』までのその展開を跡づけ、「先駆的覚悟性」の現象学的意義を考察した。

以上示されるように、ハイデガーにおいて現象学はあくまで哲学の本質を蔵する可能性として受け取られ、厳密さへの要求も捨てられない。直観にもとづく態度が謙虚と言われたことから、発表では変容させせられた厳密さを仮に「他なるものへの厳密さ」と特徴づけたが、ここで先立っているのはあくまで哲学の愛であり、言葉に常に既に条件づけられた愛なのである。

研究発表要旨

清沢満之における信仰の獲得

――「中期」の宗教哲学的諸論考を手がかりとして

長谷川琢哉

死の六日前に著した絶筆「我は此の如く如来を信ず（我信念）」において、清沢満之は宗教哲学的思索を重ねてきた自身の歩みを振り返りながら、最終的に、信仰は論理的探求によって得られるものではないとの結論に達している。あらゆる論理や研究を退け、「一切の事を挙げて悉く如来に信頼する」ことへと向かう清沢の信仰は、「自力の無功」と結びついた「他力」信仰であると言われている。しかしそうであるならば、ここでひとつの疑問が生じる。清沢が最終的にたどり着いた信仰に何らかの哲学の否定が含まれているとすれば、そこで生じるのは、あらゆる合理的探求から切り離された盲目的な信仰への飛躍なのだろうか。清沢における哲学と信仰との関わりをめぐっては、さらなる検討が必要である。そこで本論では、「哲学の否定」を強く打ち出すようになる「精神主義」以前の時期に、清沢が雑誌『無尽灯』などを中心に発表していた哲学的諸論考に注目する。従来の研究では主題的に扱われることのなかったこれらのテキストを手がかりにして、本論では清沢における「哲学」と「信仰」との関わりを詳細にたどり直してみたい。

まずは清沢満之の思索と信仰を区切る時期区分について、本論の観点から定めておきたい。今村仁司は『清沢満之と哲学』において、哲学と宗教との関わりを軸に、清沢の思想を四つの時期に区分している。本論ではこれを修正するかたちで、三つの時期区分を提示したい。まず「前期」は、東大時代から『宗教哲学骸骨』の頃まで（明治一七〜二六年）とし、その特徴は、「哲学と宗教の両立または相互補完」を語る時期とする。次いで「中期」は、「他力門骸骨試稿」から「精神主義」に至る直前まで（明治二七—三二年）で、「宗教の独立性の強調」を語る時期とする。そして最後に「後期」は、「浩々洞」における共同生活の開始・『精神界』発刊から死に至るまで（明治三三—三六年）とし、その特徴を「学問知の否定と他力信仰の確立」の時期とする。以上の「前期」・「中期」・「後期」の三区分はあくまでも便宜上のものである。本論では清沢の思索と信仰の転回をとらえるため、「哲学と宗教の両立」を語る「前期」と、「学問知の否定」を語る「後期」への移行期として、「宗教の独立性の強調」を論じる「中期」の哲学的思索に着目する。

さて、「中期」の清沢は、「信の成立」、「正信と迷信」、「他力信仰の発得」、「破邪顕正談」等の論考において、「信仰」が哲学的営為から引き出されるものではないことを主張する一方で、それが単なる不合理であってはならないことを哲学的に論じている。つまり、信仰は「迷信」と区別される「正信」でなければならず、それゆえ信仰の獲得には、「破邪顕正」というプロセスが伴われなければならない。『無尽灯』に掲載された「正信と迷信」では、「単に相対有限の点のみに注視」する知的態度では宗教的「正信」は得られず、「絶対無限に体達せるもの（或は之を覚知せるもの）」のみにおいて「正信」は可能となると指摘される。その意味で「絶対無限」は、迷信から区別される正信の基準である。しかし他方で、「絶対無限」は「有限の思弁」を超絶しており、知的把握をどこまでも逃れるものでもある。こうして「中期」清沢においては、絶対無限の不可知性と人間知性の相対有限の矛盾的合一という宗教的問題が、哲学的なものとしてとらえ直されることになる。「信の成立」という論考では、有限知性による把握を逃れる絶対無限が、にもかかわらず「否定的反面」としてなおも有限知性に示されるという場面が描かれている。つまり有限の「否定」という媒介を通した絶対無限の肯定がここでは探求されている。哲学が極限的なところで否定されることによって無限との接点を見出すということ。ここに哲学と宗教との緊張関係の中での相関性が示されている。

しかしながら、実際のところ哲学はどのように否定されるのか。「破邪顕正談」という論考では、『宗教哲学骸骨』の頃から論じられてきた有限無限の同体論（「万物一体」）が、その矛盾の極限にまで推し進められる。清沢はいくつかの例を挙げて説明しているが、たとえば「自己」の例で見てみよう。通常自己は「生まれて以来同一体のもの」が、時間の変化の中で成長していくと考えられている。しかし一定不変のものがどうやって刻々の変化を生み出しうるのか。ここには同一性と変化の「根本の撞着」が潜んでおり、それは理論的には解決不可能である。そしてこの矛盾は究極的には有限と無限の一致が形成する「根本の矛盾」、すなわち「万物一体」の逆説に通底する。つまり、万物一体は決して矛盾なしには考えることができず、どこまでも人間の知性を逃れていく。しかし「吾人の思想推理が其能力を竭尽」するところで、それに対する信仰が成立しうるのである。清沢によれば、この信は決して哲学的探求から連続的に生じるのではない。それはあくまでも「忽然として発現」するのである。絶対無限への信仰は何らかの前提から必然的に導かれるのではないということだ。しかしながら、それは同時に哲学的思惟が「竭尽」するところにおいてのみ生じるものでもある。

このように「中期」の清沢においては、哲学と宗教との関わりがその緊張関係の中で主題化されている。この立場が後の「精神主義」においては、どのような展開を見せるのか。こうした観点から清沢の思索と信仰の展開を跡づけることが、今後の我々の研究課題となる。

●研究発表要旨●

ショーペンハウアーの愛の道徳についての試論

——Personの用例を手掛かりとして

鳥越覚生

アルトゥール・ショーペンハウアーの哲学におけるPerson《ペルソン》の用例から、彼の世界観と倫理の特色を再考した。この論考の端緒は、カントによって尖鋭化した自然と自由、物件（Sache）と人格（Person）の対立である。カントは周知のように美の領域で、先述の対立の調停を企図している。この問題を、ヘーゲルは合理的な弁証法によって解消するが、ショーペンハウアーは非合理的で根拠を欠いた「生への意志」概念によって解決する。それにより、人格と対置される物件もしくは自然の伝統的な地位が揺さぶられ、人のみならず動物、さらには草木と苦しみを共にし、慈愛を説くに到る世界観と倫理の革新が起こる。けれどもそれと同時に、人間への倫理的な責任と行動の要求が希薄化する。あらゆる存在者を無関心に眺め、それらに同情を抱く諦念や無為の思想が強力になり、倫理は少なからず頽落する。

ところで、この頽落は本当に頽落であるか、それとも何らかの有力な倫理観の提示につながるか。この問いに答えることは容易ではないが、できる限り前向きな回答に繋がる論拠の提示を試みた。そのために、以下の手順で論考した。

最初に、物件（自然）と人格を対置するカント思想を確認した。それに当たり、「愛」と「尊敬」についてのカントの用法に着目した。前者は人間に限らず動物や植物にも向けられる感性的な傾向性であるが、後者は道徳的な人格性、つまりは理性的な存在としての人間に向けられる道徳的感情である。ここから、カント思想では、人間とその他の存在者（物件）の線引きが厳格に保持されていることが確認された。

次に、ショーペンハウアー哲学における Person 概念の変容を明らかにした。ショーペンハウアーは道徳法則が理性にアプリオリにあるとは考えない。そうすると、当然、カントの人格概念は破棄される。それと同時に、人格と物件の差異も希薄化する。それで、彼の倫理学では人格への尊敬の代わりに、あらゆる存在者への愛が説かれる。ただし、この愛はカントが解したような感性的な傾向性として認識を欠いた愛（エロース）ではなくて、純粋に認識する感情としての愛（アガペー）とされる。

最後に、ショーペンハウアーの生の思想を継承しながらも、独自に「生への畏敬」の倫理を提唱したアルベルト・シュヴァイツァーの思想を考察することで、ショーペンハウアーの倫理の問題点と可能性を考えてみた。シュヴァイツァーによれば、ショーペンハウアーの愛の倫理学には献身の概念が不足している。倫理である以上、単に他者の苦しみに寄り添うだけではなくて、各人の能力に見合った生への献身が求められる。この献身を欠けば、慈愛は無為と隣り合わせになる。

シュヴァイツァーの批判は尤もである。ただし、あらゆる生存を受苦と看破し、この苦しみの世界からの救済を目指すショーペンハウアーに対して社会貢献としての献身を求めることは、はじめから無理な要求とも言える。彼の徹底した悲観論によれば、この世界の苦しみは社会の改善によっては完全に除去されないからである。そこで本論では、ショーペンハウアーの愛の倫理学がシュヴァイツァーの生への献身の倫理に対してもつ意義を模索した。それに当たり、利他的な行為を要求したシュヴァイツァーといえども、ショーペンハウアーが純粋に認識する愛の条件とした関心を離れた純粋な認識の領域、つまり美の領域にたびたび立ち返っていたことを指摘した。すなわち、シュヴァイツァーは道徳的献身に奮闘するなかで消耗する個人を癒す手段、「生命の砂漠で渇きに苦しむ私を蘇らせる飲料」として、「全ての生命が合一している無限な生きんとする意志との合一」の体験を強調していた。彼の文化論は未完であるために、この意志との合一にショーペンハウアーの言うところの美的享受を読み取る妥当性は議論の余地がある。とは言え、シュヴァイツァーがアフリカでの医療活動の傍らでオルガンを弾き、ペリカンを養い、自然を讃美していたことは事実である。

そうならば、利他的な生への献身のためにも、ショーペンハウアー流の無関心な美的享受が必要であることになる。徒に無関心を無為として排斥するのは行き過ぎといえるであろう。むしろ、無関心な観照による自己の慰めと生への献身の両者を総合することが、持続的に生に献身するための要点となるのではないだろうか。

会報

【学術大会】

本学会の第九回学術大会は、二〇一七年三月二五日（土）、京都大学文学部で開催された。午前、第一部会では、松本直樹の司会で樽田勇樹「初期ハイデガーの「現象学」解釈――「フッサール」と「キリスト教的なもの」との間での「哲学」理念の再解釈」、長坂真澄の司会で山内翔太「フランス・スピリチュアリスムにおける合目的性とその自覚の諸相」、深澤英隆の司会で長谷川琢哉「清沢満之における信仰の獲得――「中期」の宗教哲学的諸論考を手がかりとして」の発表がおこなわれた。第二部会では、布施圭司の司会で鳥越覚生「ショーペンハウアーの愛の道徳についての試論――Person の用例を手掛かりとして」、後藤正英の司会で須藤孝也「キルケゴールと世俗化」の発表がおこなわれた。本誌『宗教哲学研究』今号所収の須藤論文と山内論文は、当大会の発表に基づいて書かれたものである。他の発表については、その要旨が掲載されている。

午後は「脳神経科学と宗教の未来」と題してシンポジウムが開かれた。司会・コメンテーターの芦名定道（京都大学）による趣旨説明のあと二つの講演、すなわち冲永宜司（帝京大学）「超越論的次元のゆくえ――宗教経験の脳神経科学をふまえて」と井上順孝（國學院大学）「宗教研究は脳科学・認知科学にどう向かいあうか」があり、それぞれの発表について活発に議論がおこなわれた。本誌『宗教哲学研究』今号の特集は、このシンポジウムに基づくものである。

本学会では定期的にメールマガジンを配信し、会務連絡や会員の業績紹介などをおこなっています。未登録の会員の方は、事務局にメールアドレスをお知らせください。なお、業績紹介は宗教哲学会ホームページの「会員用ページ」から簡単に申し込めますので、奮っての情報提供をお願いします。

【会合】

以下のとおり、二〇一六年度理事会・奨励賞選考委員会、二〇一七年度理事会・編集委員会が開催された。

二〇一六年度

理事会

第六回理事会　二〇一七年三月二五日　京都大学文学部新館第三演習室。出席は岩田、秋富、井上、小田、杉村、竹内、土井、深澤、美濃部、吉永。二〇一六年度決算、二〇一七年度予算、入退会者、次期理事の推薦、奨励賞選考、選考委員の交代、第一〇回および第一一回学術大会の日程と場所等について協議。

宗教哲学会奨励賞選考委員会

二〇一六年八月一三日より三回のメール回議によって受賞候補者を選考。

○第四回奨励賞選考報告

受賞論文　長坂真澄「レヴィナスにおける主体の脱領域化――カントを背景に」（『宗教哲学研究』第三九号、七〇―八三頁、二〇一二年三月）

本論文は、理性的努力と無条件の恩寵への信仰との両立不可能性のパラドックスをめぐる問題を、「根源悪」に対するカントとレヴィナスの捉え方の相違に焦点をあてながら考察した、真摯な取り組みである。

カントは、理性的な内的努力では凌駕しがたい悪の超越性と、理性的努力によって制御可能な悪の内在性との両立不可能性を調停するために、理性を理論理性と実践理性とに境界設定することで解決させる。つまり理論理性では調停不可能だとしても、実践理性では調停が可能となるのである。

論者は、啓示宗教を形作る広域の円と、理性宗教を形作る狭域の円というメタファーを用い、中心を共有する二つの同心円として説明し、カントによる信と知のアンティノミー解決の鍵が、この二領域の境界線上に媒介として位置する「キリストの形象」のうちにある、と指摘する。つまり悪は狭域を構成する理論理性においては超越的だが、広域を構成する実践理性の内部では内在的であるとし、この二つの領域の境界線上に位置する「キリストの形象」こそが、信と知の調停地点とされる、と論者は見る。

しかしレヴィナスからすれば、カントにおける理性の「境界設定」は、批判する有効なる領域をなお前提していて不徹底である。知の自己批判は無能力であることを自覚し、「恥」の経験となるのであり、それは「主体の脱領域化」と呼ばれる。そしてレヴィナスは、他者たちの受苦を自ら引き受ける「メシアとしての私」の概念を導出する。

しかし論者は、カントの謂う実践理性を、理論理性の運動の脱領域化をなす運動として捉えなおし、カントの悪のパラドックスの解決を解決と見なさず、内在性と超越性の二面性を持ちながら、その超越性を内在性に転じ、受苦を自らに引き受けるメシアとしての命令が必要となる、と締めくくる。

このように本論文は、テクストの単なる祖述にとどまることなく、優れた読解力を駆使しつつ、論者独自の強靭な思索を展開させており、宗教哲学のあるべき一つの形を提示したものと評価できる。

以上により、選考委員会は、長坂論文を二〇一六年度宗教哲学会奨励賞にふさわしいものと判断する。長坂氏の研究の今後の進展が期待される。

宗教哲学会奨励賞選考委員会

二〇一七年度

理事会

第一回理事会　二〇一七年七月一〇日　メール回議で入会審査。

第二回理事会　二〇一七年九月一七日、東京大学本郷キャンパス法文二号館第三会議室。出席は岩田、伊原木、冲永、小田、氣多、後藤、杉村、竹内、鶴岡、深澤、美濃部、脇坂。第一〇回学術大会プログラム、入会者、奨励賞内規の改正等について協議。

第三回理事会　二〇一七年一二月一一日　メール回議で入会審査。

編集委員会

第一回編集委員会　二〇一七年一〇月一五日（大谷大学）

第二回編集委員会　二〇一七年一一月一九日（大谷大学）

第三回編集委員会　二〇一八年二月一日（京都大学楽友会館）

以上三回の編集委員会では『宗教哲学研究』第三五号の編集作業がおこなわれた。

会員異動

○新入会員

渡辺優（普通Ａ）天理大学講師

松田央（普通Ｂ）神戸女学院大学名誉教授

太田匡洋（普通Ｂ）京都大学大学院博士後期課程

奥堀亜紀子（普通Ａ）日本学術振興会特別研究員ＰＤ（大阪大学）

上原麻有子（維持）京都大学教授

名和達宣（普通Ａ）真宗大谷派教学研究所研究員

堀江宗正（維持）東京大学准教授

大角康（普通Ｂ）京都大学大学院博士後期課程

○退会者

國井哲義

清水茂雄（二〇一五年度末で退会）

花岡永子（二〇一五年度末で退会）

菱木政晴

宮永泉

『宗教哲学研究』投稿規定

一　学術論文、研究ノート、書評を『宗教哲学研究』に投稿する者は、宗教哲学会の会員（賛助会員は除く）であること。ただし、掲載希望年度までの会費を納入済みの会員にかぎる。

二　学術論文は広い意味での宗教哲学に関する未発表の学術的な内容のものであること。

三　研究ノートは研究報告・国内外の他学会情報・研究動向・学術研究に関する提言などとする。

四　書評は宗教哲学・哲学・宗教研究に関する新刊書、翻訳書、学術論文を対象とするものであること。

五　注および図版や表を含めて、投稿論文は四〇〇字詰原稿用紙に換算して四〇枚以内、研究ノートは二〇枚以内、書評は一〇枚程度とする。

六　学術論文の採否は、複数の査読者による査読の結果を踏まえ、編集委員会において決定する。

七　特殊製版（図表、図版、写真など）の費用は投稿者が負担する。

八　『宗教哲学研究』は毎年一回、三月末日に発行する。

九　『宗教哲学研究』に掲載されたすべてのものの複製権ならびに公衆送信権は、本学会に委託されたものとする。ただしこれは執筆者本人による複製権ならびに公衆送信権の行使を妨げるものではない。

一〇　投稿希望者は、本会誌掲載希望年度の六月一日から六月末日の間に、論文、研究ノート、書評の種類とその論題（仮題可）を、編集委員会専用のメールアドレス（sprj.edit@gmail.com）に電子メールで提出する。電子メールの件名に「宗教哲学研究論題」と明記すること。葉書で論題エントリーをする場合は、同じ要領で学会事務局宛に郵送する。

一一　原稿の提出締切は八月末日とする。原稿は電子データを編集委員会専用アドレスに添付ファイルで送付する。

一二　投稿原稿は本学会ウェブサイト（http://sprj.org/）に掲載されている「執筆要項」に従うこと。

宗教哲学会規約

一九八三年五月一日制定・施行
二〇〇八年七月一二日改正
二〇一三年三月二三日改正

第一条　本会は、京都宗教哲学会を改め、宗教哲学会（Society for Philosophy of Religion in Japan）と称する。

第二条　本会は、宗教哲学およびそれに関連する研究の進展に努め、会員相互の研究上の連絡を図ることを目的とする。

第三条　本会はこの目的を達成するために以下の事業を行う。
（一）総会・学術大会・研究会・講演会等の開催
（二）機関誌の発行
（三）その他　必要な事業

第四条　本会は、宗教哲学およびそれに関連する研究に従事する者、もしくは関心を寄せる者で、本会の趣旨に賛同する者をもって会員とする。会員は以下の種類から成る。
（一）普通会員
（二）維持会員
（三）賛助会員
（四）名誉会員

第五条　本会の会員になろうとする個人または団体は、入会に際して理事会の承認を必要とする。普通会員および維持会員は総会における議決権および学会発表・機関誌への投稿の権利を有し、所定の会費を納めなければならない。賛助会員は機関誌の講読に伴う会費を納めるものとする。名誉会員は、理事会がこれを推薦する。

第六条　本会に以下の役員をおく。
（一）会長　一名
（二）理事　若干名（その内に編集担当、会計担当、運営担当をおく）
（三）監事　二名

第七条　会長は本会を代表し、会務を総括する。理事は理事会を組織し、本会の事業の運営にあたる。監事は会計および会務執行の状況を監査する。

第八条　（一）会長は理事の互選により、これを選任する。
（二）理事は維持会員の中から、普通会員および維持会員の投票により選任する。
（三）監事は理事会の承認を得て、会長が委嘱する。

第九条　役員の任期は三年とし、再任を妨げない。但し、会長は二期を限度とする。

第一〇条　学会事務担当のため、事務局をおく。

第一一条　機関誌の発行のため、編集委員会をおく。

第一二条　学会奨励賞の選考のため、選考委員会をおく。

第一三条　本規約の実施のために、別に細則を定める。

第一四条　本規約の改正は、理事会の議を経たのち、総会の決議を得なければならない。

細則

二〇〇八年七月一二日制定・施行
二〇一三年三月二三日改正

第一条　本会は、京都宗教哲学会に納入された会費、寄付金、その他の収入を継承するとともに、京都宗教哲学会において刊行された機関誌の管理を継承する。

第二条　会費について

会員の年会費は以下の通りとする。

（一）普通会員A　六〇〇〇円

（二）普通会員B　四〇〇〇円（大学をはじめとする高等教育機関などの常勤職にない者が、普通会員Bになりうる。）

（三）維持会員　一〇〇〇〇円

（四）賛助会員　機関誌代および送料

（五）名誉会員　納入免除

第三条　会費滞納について

会費滞納者は滞納した年度の会員の権利を行使することができない。三年以上の滞納者には機関誌の送付を停止する。五年以上の滞納者は、理事会の議を経て、退会扱いとする。

第四条　西谷基金について

学会奨励賞および特別事業等のために、西谷基金を設ける。西谷基金の運用は、理事会の議を経なければならない。

第五条　学会奨励賞について

宗教哲学の発展を図るために、宗教哲学の領域における若手研究者の優れた学術業績にたいして、学会奨励賞を授与する。選考等については別に内規を設ける。

第六条　改正について

本細則の改正は、理事会の議を経たのち、総会の決議を得なければならない。

宗教哲学会編集委員会内規

二〇一五年九月六日制定

第一条　編集委員会は、機関紙『宗教哲学研究』の編集を行い、その発行に責任をもつ。

第二条　編集委員会は、編集委員長ならびに編集委員複数名によって構成する。

第三条　編集委員長は、会長がこれを指名し、その任期は二年を一期とし、連続二期までとする。なお再任を妨げない。

第四条　編集委員は、編集委員長が分野や時代のバランスを考えて選任し、その任期は二年を一期とする。なお重任・再任を妨げない。

第五条　編集委員長、編集委員の交替は理事会、ならびに総会において報告するものとする。

第六条　この内規の改正は、理事会の議を経ねばならない。

宗教哲学会奨励賞内規

二〇一三年三月二三日制定
二〇一六年九月一一日改正
二〇一七年九月一七日改正

（設置趣旨）
第一条　宗教哲学の領域において若手研究者の優れた学術業績にたいして学会として賞を授与し、宗教哲学の発展を図る。

（名称および賞品）
第二条　賞の名称は「宗教哲学会奨励賞」とする。
第三条　受賞者には、賞状ならびに副賞として三〇〇〇〇円を授与する。賞金は西谷基金より拠出し、その他の費用は一般会計より支出する。

（選考対象）
第四条　選考は、選考の前年度からさかのぼって過去五年間の『宗教哲学研究』掲載の現会員の論文を対象として行う。
第五条　若手奨励を目的とするため年齢制限を設ける。受賞年度の年度末に四五歳以下の者を対象とする。
第六条　毎年一名を受賞者として選ぶが、「該当者無し」もあり得ることとする。

（選考委員会）
第七条　学会奨励賞を選考するための選考委員会（以下、委員会）を設置する。
第八条　委員会は五名より構成される。委員は理事会の承認を得て、会長が委嘱する。
第九条　委員長は委員の互選により、これを選任する。
第一〇条　委員の任期は二年とする。
第一一条　委員会は一二〇〇字程度の選考結果報告書を作成する。
第一二条　委員会は選考結果を理事会に報告する。理事会はこれを審議して受賞者を決定し、総会で報告する。

（表彰）
第一三条　受賞者は、総会において表彰する。
第一四条　受賞者はホームページに公示し、『宗教哲学研究』に選考結果報告書とともに記載する。

（改正）
第一五条　この内規の改正は、理事会の議を経なければならない。

役員

会長　岩田文昭

理事　秋富克哉
芦名定道
井上克人
伊原木大祐
沖永宣司
小田淑子
氣多雅子
後藤正英
杉村靖彦
竹内綱史
鶴岡賀雄
土井健司
深澤英隆
美濃部仁
脇坂真弥

監事　澤井義次
棚次正和

顧問　上田閑照
長谷正當

編集委員　加納和寛
神尾和寿
佐藤啓介
重松健人
（長）美濃部仁
脇坂真弥

編集補佐　越後圭一

事務局補佐　根無一行

HP・メーリングリスト補佐　古荘匡義

・執筆者紹介・

芦 名 定 道	京都大学教授
冲 永 宜 司	帝京大学教授
井 上 順 孝	國學院大學教授
内 記 洸	真宗大谷派往還寺
須 藤 孝 也	白梅学園大学非常勤講師
山 内 翔 太	京都大学大学院博士後期課程
長 坂 真 澄	群馬県立女子大学准教授
坪 光 生 雄	一橋大学大学院博士後期課程
若 見 理 江	就実大学講師
小 田 淑 子	関西大学教授
高 田 信 良	龍谷大学名誉教授
長谷川琢哉	親鸞仏教センター研究員
佐 藤 啓 介	南山大学准教授
樽 田 勇 樹	京都大学大学院博士後期課程
鳥 越 覚 生	京都大学非常勤講師

〈執筆順〉

宗教哲学研究　第35号

2018年3月31日　初版第1刷発行

編集・発行　宗 教 哲 学 会
（代表者　岩田文昭）

学会事務局　〒612-8577 京都市伏見区深草塚本町67
龍谷大学経営学部 竹内綱史研究室内
学会費振込口座　01060-4-20033
TEL：(075) 645-2117 / E-Mail：sprj.hp@gmail.com
URL：http://sprj.org/index.html

発売元　株式会社 昭 和 堂

〒607-8494　京都府京都市山科区日ノ岡堤谷町3-1
振替口座　01060-5-9347
TEL（075）502-7500 / FAX（075）502-7501
URL : http://showado-kyoto.jp

印刷　中村印刷

ISBN 978-4-8122-1714-6

Summary

The Significance of Neuroscience for Philosophy of Religion

ASHINA Sadamichi

The purpose of this paper is to rearrange the discussions about what the significance of neuroscience, which is currently rapidly developing, for philosophy of religion has and then to prospect the possibility of neuroscience in relation to philosophy of religion. First of all, our discussion begins after confirming that philosophy of religion understood in this paper includes both philosophy of religious studies and philosophy of religion. The following development of neuroscience is interesting in terms of overcoming the conflict between science and religion. 1. Studies on individual brains remarkable in the neuroscience by the end of the 20th century have shown approaches to the conflict schema between science and religion in the setting of determinism versus free will. 2. On the other hand, social brain research since the beginning of the 21st century shows the possibility of development of a different argument from the conflict schema. This social brain research could be interpreted as responding to the development of the philosophical anthropology of the 20th century and furthermore it provides an opportunity to reconsider the human understanding of Christianity.

Where Will the Transcendent Dimension Be?: Examinations Based on the Neuroscience of Religious Experience

OKINAGA Takashi

Neuroscience is almost able to estimate and control our states of consciousness. It is close to controlling even our spiritual pain or fear of death, which has been addressed by religion. This is almost an attempt to repeat the experience of transcendence by using scientific technology. In this paper, we examine where the transcendent dimension will be, as neuroscience develops.

Then, we examine the views of modern science, which finds fundamentally

different qualities in consciousness from those of classical science, whose purpose was to control nature regularly and repeatedly. One of the theories of modern science is neurotheology, which examines the possibility of reality affecting not only consciousness but also brain state. Another is quantum brain theory, which finds experience and will in the quantum state of superposition to which the classical laws of physics cannot apply. Both of these views find reality not only in subjectivity, but also in action and spontaneity, instead of finding reality only in objective material.

Next, concerning the absence of the transcendent, we examine a religious belief that finds transcendence in our life experiences. As for this thought, the place of transcendence is nothing other than this world presented to us without abstraction, and transcendence to another world is no longer needed. There, spontaneity and purpose acquire their realities again.

How Religious Studies Should Deal with the Advances Brought by Neuroscience and Cognitive Science

INOUE Nobutaka

Neuroscience and cognitive science have undergone explosive advances since the 1990s, the effects of which have even been felt on religious studies. I will explore here what new perspectives these developments might generate by looking at two specific issues. The first is that of what concepts of *kami* (deity), *imi* (taboo) and *kegare* (pollution) exist in modern Shinto. The second is connected to research concerning the debate over the nature of the founders of new religions and the process by which people adopt those faiths.

The question of what is distinctive about the *kami* concept in Shinto can be seen as part of the broader question of what leads the human mind to conceive of gods and deities in the first place. Similarly, such common Shinto ideas as *imi* and *kegare* come under the broader topic of why humans establish taboos for certain acts and behaviors. While discussing prior research, I also stress the need to study these new perspectives. Max Weber's theory of charisma is widely used in discussions regarding the founders of new religions, but I believe that the phenomenon of people becoming entranced with a certain person can be examined from a broader perspective that incorporates neuroscience. The same may be said for the conversion process.

Shinrans Überlegungen zur Lehre des „Erscheinens des Amitabha-Buddhas vor einem Sterbenden“

NAIKI Takeshi

In der buddhistischen Schule des Reinen Landes ist die Darstellung des „Rinju-Raigo“ (臨終来迎) eine der populärsten. Es handelt sich dabei um das Erscheinen des Amitabha-Buddhas und der ihn begleitenden Bodhisattvas, um einen Sterbenden ins Reine Land zu bringen. Der Mensch begegnet also im Sterben dem „Buddha“, worin der unmittelbarste Ausdruck des religiösen Verhältnisses zum Transzendenten liegt.

Aber Shinran, der Gründer der Schule des Reinen Landes, legt diese Lehre nicht buchstäblich aus, und hält sie für Buddhas Mittel, uns zur wahren Erlösung zu leiten. Nach seiner Aussage müssen wir von der Zukunftserwartung ihres Erscheinens ins richtige gegenwärtige Verhältnis zum Buddha eintreten. Shinran versucht also, die Lehre von einem grundsätzlich anderen Standpunkt aus zu erfassen.

Wenn wir jedoch seine Auslegung der Lehre genauer betrachten, erkennen wir, dass er den Ausdruck und die Idee „Rinju-Raigo“ aus seinem Denken nicht ausschließt. Es ist im Gegenteil so, dass diese originär buddhistische Lehre von Buddhas Erscheinen sogar noch eine bestimmte Rolle in Shinran spielt. Es gibt hier in der Tat zwei unterschiedliche Auslegungen von einer traditionellen Darstellung, und beide, die eine als negative und die andere als positive, stehen zu einander in einem Widerspruch. Shinrans Denken ist daher, so die These, eigentlich zweischichtig.

Die Aufgabe in diesem Aufsatz ist es, beide Auslegungen dieser Lehre gemäß Shinrans Verständnis festzuhalten und dadurch aufzuzeigen, dass sich in der Darstellung des „Rinju-Raigo“ selbst diese widersprüchliche Doppelheit deutlich ausdrückt.

Kierkegaard and Secularization

SUTO Takaya

This article reconfigures Kierkegaard's thought, focusing on four points revolving around secularization: the worldly, history, Christendom and internalization.

In the middle of the 19th century Denmark, some people had already begun to transform Christianity into a worldly one. Such move may seem like a practical way to prolong the life of Christianity amid difficulties of having faith in the age of modernization. But Kierkegaard criticized such move based on his dualistic standpoint according to which transcendence and immanence cannot be mediated. Kierkegaard analyzed matters around that time by using the word of "demonic". The demonic people refuse the good and shut themselves up, not opening themselves to others.

However, while Kierkegaard witnessed the beginning of secularization, he did not see the process with an adequate time span. For Kierkegaard passed away six years after the secularization in Denmark started in earnest at 1849. Furthermore, Danish secularization was unique in that instead of abolishing Christianity, it was concerned with transforming it into a worldly one and enlarging the freedom of people's religious lives. Kierkegaard's "the single individual" was a subject who was not with non-believers but with believers, even if their faith in God was inappropriate in Kierkegaard's eyes.

La grâce et le héros : essai sur la téléologie et la théologie chez Ravaisson

YAMAUCHI Shota

Dans cet essai, nous nous proposons d'élucider le rôle de la « grâce » chez Ravaisson en vue de révéler le sens de sa métaphysique dans sa totalité, notamment la structure de sa téléologie et de sa théologie. La notion de « grâce » a un double sens : d'une part, celui de charme indéfinissable ; d'autre part, celui de don surnaturel que Dieu accorde aux hommes pour leur salut.

La méthode philosophique de Ravaisson consiste à réfléchir sur la conscience intime du moi et à contempler la nature par analogie. De ce point de vue, on peut saisir la substance de la nature, non par l'analyse, qui la décompose en éléments inférieurs,

mais par la synthèse, qui tente d'atteindre la finalité supérieure comme cause. À travers la finalité, beauté de l'harmonie organique, on a la conscience immédiate de la bonté de Dieu. Car le monde a été créé grâce au sacrifice de soi de Dieu, qui est cause de soi : la fin de l'être, c'est le sacrifice divin.

À travers l'expérience de la grâce, celle de l'ondulation observée dans la nature, ou la ligne du serpentement dont parle Léonard de Vinci. Ravaisson considère que c'est par l'art, notamment par le dessin, que l'on apprend le mieux l'essence de la finalité. Ici, la grâce signifie la réunion de la nature avec Dieu. Si l'on saisit la grâce, c'est pour avoir en moi l'âme du héros qui imite Dieu lui-même.

Das Transfinite und das Unendliche: László Tengelyis Husserl-Darstellung ausgehend von der Auseinandersetzung mit Kant und Cantor

NAGASAKA Masumi

Die vorliegende Abhandlung widmet sich dem Vorhaben, László Tengelyis Auslegung der Phänomenologie Husserls als „phänomenologische Metaphysik" zu erklären. Tengelyi stellt im dritten Teil seines Werkes *Welt und Unendlichkeit* (2014) dar, dass Husserls Phänomenologie über das Unendliche zugleich eine Affinität und eine Diskrepanz mit Cantors Behandlung des Transfiniten zeigt. Die Affinität liegt darin, dass Cantor, entgegengesetzt zu Kant, in seiner Mathematik das Unendliche als mathematisch durchgängig bestimmbaren Begriff bildet, und dass Husserl, ebenfalls entgegen Kant, in seine Phänomenologie eine Konzeption der Anschauung des Unendlichen einführt. Die Diskrepanz von beiden zeigt sich aber auch, weil Husserl seine Konzeption des Unendlichen als nicht durchgängig bestimmbar darstellt und damit vermeidet, in die ontotheologische Metaphysik zurückzukehren.

Um Cantors Mengenlehre als eine ontotheologische Metaphysik zu erklären, gehen wir im ersten Abschnitt dieser Abhandlung von Kants Erörterung der ersten Antinomie in der *Kritik der reinen Vernunft* aus. Im zweiten Abschnitt werden wir sehen, wie Cantor den mathematisch bestimmbaren Begriff des Transfiniten als Aktual-Unendliches bildet und wie dieser sich mit dem, was Kant den transzendentalen Schein genannt hat, überlappt. Im letzten und dritten Abschnitt werden wir erklären, wie Tengelyi anhand der Manuskripte Husserls argumentiert, dass Husserl seinen

Begriff des Unendlichen vom Cantor'schen Begriff des Transfiniten differenziert und damit eine nicht in die Ontotheologie hineinfallende Metaphysik – nämlich eine phänomenologische Metaphysik – eröffnet.

Charles Taylor's Epistemology and History of Religion: On Embodiment

TSUBOKO Ikuo

In this article, we explore the point on which Charles Taylor's two independent arguments converge. The historical account of religion in *A Secular Age* on the one hand and the philosophical criticism of modern epistemology in *Retrieving Realism* on the other have in common the insight that the body is essential for us. In *A Secular Age*, Taylor shows how the work of Reform and its consequent effect of disenchantment have sidelined the bodily, sensual aspects of earlier religious life. He insists on the need to undo this "disenchanting reduction" and rehabilitate the body in religion today. Parallel to this is the deconstruction of the modern epistemology which presupposes the inner-outer distinction, that is, the clear boundary between mind and body, as well as mind and world. *Retrieving Realism* makes clear that our belief formations are always already conditioned by our bodily, preconceptual engagement with our ordinary surroundings. The inner-outer dualism of modern epistemology needs to be overcome because it leaves no place for this preconceptual level of our perception, or even our embodied existence in general. We can obviously see Taylor's consistency here. Retrieving the sense of embodiment is a central concern for him both as a historian of religion and as an analytic philosopher.